GERENCIAMENTO DE PROJETOS FORA DA CAIXA

FIQUE COM O QUE É RELEVANTE

GERENCIAMENTO DE PROJETOS FORA DA CAIXA

FIQUE COM O QUE É RELEVANTE

Autora
FABIANA BIGÃO SILVA

Arte
LUCAS RODRIGUES ALVES

ALTA BOOKS
EDITORA
Rio de Janeiro, 2016

Gerênciamento de Projetos Fora da Caixa — Fique Com o Que É Relevante

Copyright © 2016 da Starlin Alta Editora e Consultoria Eireli. ISBN: 978-85-508-0007-3

Todos os direitos estão reservados e protegidos por Lei. Nenhuma parte deste livro, sem autorização prévia por escrito da editora, poderá ser reproduzida ou transmitida. A violação dos Direitos Autorais é crime estabelecido na Lei nº 9.610/98 e com punição de acordo com o artigo 184 do Código Penal.

A editora não se responsabiliza pelo conteúdo da obra, formulada exclusivamente pelo(s) autor(es).

Marcas Registradas: Todos os termos mencionados e reconhecidos como Marca Registrada e/ou Comercial são de responsabilidade de seus proprietários. A editora informa não estar associada a nenhum produto e/ou fornecedor apresentado no livro.

Impresso no Brasil — 1ª Edição, 2016 - Edição revisada conforme o Acordo Ortográfico da Língua Portuguesa de 2009.

Obra disponível para venda corporativa e/ou personalizada. Para mais informações, fale com projetos@altabooks.com.br

Produção Editorial Editora Alta Books **Produtor Editorial** Thiê Alves **Produtor Editorial (Design)** Aurélio Corrêa	**Gerência Editorial** Anderson Vieira **Supervisão de Qualidade Editorial** Sergio de Souza	**Marketing Editorial** Silas Amaro marketing@altabooks.com.br	**Gerência de Captação e Contratação de Obras** J. A. Rugeri autoria@altabooks.com.br	**Vendas Atacado e Varejo** Daniele Fonseca Viviane Paiva comercial@altabooks.com.br **Ouvidoria** ouvidoria@altabooks.com.br	**Erratas e arquivos de apoio:** No site da editora relatamos, com a devida correção, qualquer erro encontrado em nossos livros, bem como disponibilizamos arquivos de apoio se aplicáveis à obra em questão. Acesse o site www.altabooks.com.br e procure pelo título do livro desejado para ter acesso às erratas, aos arquivos de apoio e/ou a outros conteúdos aplicáveis à obra.
Equipe Editorial	Bianca Teodoro Christian Danniel	Claudia Braga Juliana de Oliveira	Renan Castro		**Suporte Técnico:** A obra é comercializada na forma em que está, sem direito a suporte técnico ou orientação pessoal/exclusiva ao leitor.
Revisão Gramatical Gloria Melgarejo	**Ilustração, Diagramação e Capa** Lucas Rodrigues Alves				

Rua Viúva Cláudio, 291 — Bairro Industrial do Jacaré
CEP: 20970-031 — Rio de Janeiro - RJ
Tels.: (21) 3278-8069 / 3278-8419
www.altabooks.com.br — altabooks@altabooks.com.br
www.facebook.com/altabooks

Dados Internacionais de Catalogação na Publicação (CIP)
Vagner Rodolfo CRB-8/9410

S586g Silva, Fabiana Bigão
     Gerenciamento de projetos fora da caixa: fique com o que é relevante / Fabiana Bigão Silva. - Rio de Janeiro : Alta Books, 2016.
     208 p. : il. ; 24cm x 17cm.

     ISBN: 978-85-508-0007-3

     1. Administração. 2. Projetos. 3. Gestão de projetos. 4. Gerenciamento de projetos. 5. Planejamento. I. Título.

CDD 658.404
CDU 658.5

Sumário

Introdução ... 9
- O que esperar deste livro ... 10
- Para alunos e professores ... 14
- O que não esperar deste livro ... 16
- Convenções usadas no livro ... 16
- Como este livro está organizado ... 17

Parte I - Início ... 18
- Capítulo 1 - Olhe ao redor, sinta o contexto e adapte-se ... 19
- Capítulo 2 - Faça o que é relevante ... 25
- Capítulo 3 - Inicie seu projeto de verdade, não pule essa etapa ... 32
- Capítulo 4 - Identifique aqueles que impactam seu projeto ... 61

Parte II - Plano ... 74
- Capítulo 5 - Planeje na medida certa ... 75
- Capítulo 6 - Escopo: vai entregar o quê? ... 77
  - Antes do escopo, os requisitos. O que o cliente quer? ... 78
  - Especifique as entregas – o que o projeto vai fazer? ... 88
- Capítulo 7 - Recursos: do que o projeto vai precisar? ... 99
- Capítulo 8 - Prazo: quando o projeto será entregue? ... 112
  - Planejamento de alto nível versus planejamento detalhado ... 115
  - Trilha para planejamento do prazo do projeto ... 116
  - Decompondo entregas em atividades ... 119
  - Realizando estimativas ... 121

    As fases, sprints, etapas 131
  Capítulo 9 - Custos, contratações e aquisições: o que levar em consideração 134
    Pessoas e dedicação ao projeto 134
    Insumos e materiais do projeto 137
    Contratações gerais de serviços 138
  Capítulo 10 - Riscos: como lidar com incertezas? 141
  Capítulo 11 - Comunicações: o que deve ser informado a quem? 160
  Capítulo 12 - Construa um plano integrado e obtenha comprometimento 173

PARTE III - EXECUÇÃO E CONTROLE 175
  Capítulo 13 - Execução do projeto: onde tudo acontece 176
    Fases versus ações 176
    O papel do gerente do projeto durante a execução 177
    Trate os problemas e questões 180
  Capítulo 14 - Fique de olho: monitore o que acontece no projeto 182
    Lidando com solicitações de mudança 186

PARTE IV - FIM 189
  Capítulo 15 - Encerramento: formalize a entrega, obtenha aceite, comemore! 190
  Capítulo 16 - Conclusões e recomendações 194

REFERÊNCIAS 196
GLOSSÁRIO 198

Para as mulheres da família Bigão: minha mãe Sueli, tia Lili e minhas filhas Marcinha e Nina.

Para meu pai de coração: Antônio Mayrink.

AGRADECIMENTOS

Quatro agradecimentos especiais:

Marco Pace *e equipe da Alta Books, por gostar do meu trabalho e me dar a oportunidade de publicar.*

Lucas Alves*, por transformar minhas ideias em arte.*

Ricardo Drummond, *por revisar, sugerir, criticar, questionar, elogiar, incentivar e apoiar. Sempre.*

Aos colegas de trabalho, *com os quais tive oportunidade de aprender e compartilhar conhecimento.*

O QUE ESPERAR DESTE LIVRO

Existe uma infinidade de livros sobre gerenciamento de projetos. Por que então você deve ler este livro?

Se estiver com preguiça de ler essa seção inteira, aí vai, em uma frase (longa), o objetivo principal deste livro: mostrar **como a gestão de um projeto acontece** em linhas gerais, desde o seu nascimento até o seu encerramento, por meio de **experiências** reais, explicando **para que** serve cada ação de gerenciamento, usando os principais **guias** do mercado como trilha, mas sem a obrigação de ter que explicar em detalhes cada um deles.

Pelas minhas pesquisas, grande parte dos livros se baseia fortemente no PMBOK®, em algum método Agile, Lean ou no Prince2®. Por que se basear apenas em um framework isolado, se, na maior parte das vezes, ao implementarmos o gerenciamento de projetos, adaptamos um pouco de cada método para o contexto e a cultura das empresas? Não seria mais inteligente estudar o gerenciamento de projetos na sua essência, incorporando aspectos fundamentais desses métodos ao longo do ciclo de vida do projeto?

Baseado nessas questões, este livro procura atender aos seguintes objetivos:

> Oferecer background sobre o **funcionamento** do gerenciamento de projetos. Isso mesmo, a palavra certa é funcionamento. Este livro **não** se propõe a apresentar os fundamentos **teóricos** sobre o que são projetos, portfólios, programas, PMOs. Isso já existe em grande parte das bibliografias de projetos. Muitas pessoas passam horas estudando em cursos formais, MBAs, e saem desses cursos exatamente com esses fundamentos teóricos. Ficam, porém, confusos sobre como se comportar diante de situações reais de projetos.

> Para entender esse funcionamento, é importante oferecer a visão de "**para que serve isso**". Cansei de ouvir pessoas associarem o gerenciamento de projetos à burocracia. Alguns já me disseram que é uma burocracia boa, como se isso existisse. Burocracia é uma palavra com conotação fortemente negativa, ligada a excesso de procedimentos. O gerenciamento de projetos deve ser visto como algo útil, desejado, importante, que gera valor. Só conseguimos isso, quando temos a noção dos resultados que cada pequena ação de gestão gera. Por isso, esse livro também pretende abordar o **porquê** das coisas.

> Além de explicar os porquês, este livro também apresentará algumas pequenas histórias para ilustrar práticas importantes. Essas histórias exemplificarão ações que deram bons resultados e outras, que resultaram em verdadeiras catástrofes, a que, gentilmente, chamaremos de "lições aprendidas", apesar de eu já ter visto clientes repetirem os mesmos erros... Algumas histórias serão apenas casos engraçados e dramáticos do cotidiano das empresas e pessoas.

Como a proposta é apresentar o funcionamento por meio de experiências reais, é natural que este livro seja carregado de opiniões e impressões pessoais, que adquiri ao longo desses 15 anos, mais de 30 mil horas, oito mil alunos/clientes e dezenas de empresas atendidas. Certamente, não detenho a totalidade do conhecimento em gerenciamento de projetos. Todas as pessoas são especialistas em uma porção muito pequena de um determinado assunto e ignorantes a respeito de grande parte das coisas.

Acredito de verdade, porém, na força do compartilhamento de experiências para o crescimento de cada um de nós. Por isso, estou compartilhando o que ensino e aprendo todos os dias, com a humildade de saber que o que está escrito aqui é apenas uma parte do vasto campo de conhecimento do gerenciamento de projetos. Sinto-me muito mais realizada escrevendo um livro com essa dinâmica do que ficar apenas repetindo conceitos, técnicas e ferramentas, que já existem no Wikipedia, PMBOK® e outros guias, e espero que você também se sinta da mesma forma ao lê-lo.

Ao longo da implantação do gerenciamento de projetos nas empresas, em cada metodologia criada, era usado um pouco de tudo: PMBOK®, Lean, Agile, Prince2® etc. A parte interessante é que os princípios desses guias eram usados e **adaptados** às realidades e culturas das empresas. Imaginávamos os guias como self-services de processos, ferramentas e técnicas. Em cada empresa, formávamos equipes de pessoas com bagagens diferentes e buscávamos conectar nossos cérebros, conhecimentos e experiências para dar o tempero apropriado àquilo que estava sendo criado.

Essa é a grande sacada do gerenciamento de projetos. Saber o que usar e adaptar à sua realidade. Não há ferramentas milagrosas, porque simplesmente não há receitas prontas para um gerenciamento de projetos eficaz!

Quem me conhece sabe que sou absolutamente apaixonada pelo que faço, porque sei que dá resultado extremamente positivo para as empresas. Minhas pesquisas apontam que as organizações comprometidas com o gerenciamento de projetos reduzem a duplicação de esforços e o retrabalho, diminuindo o tempo de entrega, custo e melhorando a qualidade das soluções aos seus clientes.

O diferencial deste livro está em dar o olhar da informação ao gerenciamento do projeto. A cada ação que executamos para conduzir o projeto, desde seu nascimento até sua entrega, é importante pensar: de que informação precisamos para executar essa ação? Ao finalizar, a quem devemos os resultados dessa ação? Certamente, se todas as pessoas pensassem desta forma, teríamos muito menos desperdício de tempo aguardando informações, gerando informações desnecessárias e usando informações erradas.

Este livro procura então fornecer recursos essenciais para quem tem conhecimentos teóricos e pretende começar a trabalhar com gerenciamento de projetos, bem como para quem não possui treinamento formal na área, mas quer aprender algo que possa aplicar imediatamente. Logo, seja iniciante ou veterano, acredito que você encontrará algo interessante aqui.

Boa leitura!

Para alunos e professores

Este livro pode ser usado como referência básica em cursos e disciplinas de Fundamentos de Gerenciamento de Projetos, tanto em nível de graduação quanto pós-graduação. Dois e-books gratuitos, também de minha autoria, podem ser usados de forma complementar:

• Fundamentos de Gestão de Projetos.
• PM Story e-book.

Ambos estão disponíveis no site http://www.accretio.com.br/pmstory e podem ser baixados livremente, bastando o cadastro do nome e e-mail. Você também pode baixar os arquivos direto do site da Editora em www.altabooks.com.br (no campo de pesquisa, procure pelo título do livro *Gerenciamento de Projetos Fora da Caixa*).

Esses e-books apresentam fundamentos teóricos e definições conceituais acerca dos seguintes temas:

- *O que é um projeto?*
- *Operações x Projetos*
- *O que é Gerenciamento de Projetos?*
- *O que é um Programa?*
- *O que é um Portfólio?*
- *O que é um PMO?*

- O que são Stakeholders?
- Influências das estruturas organizacionais nos projetos
- Ciclo de vida dos projetos
- Processos de gerenciamento de projetos
- Abordagens de gerenciamento de projetos: guias e frameworks
- Sucesso em projetos

Nota da Editora: O conteúdo de cada e-book é de inteira responsabilidade da autora, não estando a Editora associada à produção e à edição dos mesmos. A Editora declara ainda não fornecer suporte técnico para uso de conteúdo digital.

O que não esperar deste livro

Como já foi informado, esse livro aborda a dinâmica do gerenciamento de projetos ao longo do seu ciclo de vida, usando principalmente PMBOK® e práticas Agile, e um pouquinho de Prince2®, como referências. **Não** espere um resumo dos temas, princípios, processos, técnicas, ferramentas, entradas, saídas, eventos, cerimônias, artefatos ou "whatever" desses guias. Este livro **não** é um guia teórico. Algumas vezes, poderei citar alguma técnica sem mencionar explicitamente em que framework ela é mencionada, mas certamente estará nas referências.

Convenções usadas no livro

NA REAL — Usarei essa imagem, quando a história estiver sendo contada ou para fornecer um exemplo.

FIQUE ESPERTO! — Essa imagem chama a atenção para algo importante. Não deixe de ler!

DICA — Essa imagem indica uma dica esperta.

VEJA BEM! — Quando eu estiver fazendo uma observação, essa imagem será exibida.

PMBOK — Quando fizer referências explícitas ao PMBOK®, usarei essa imagem.

AGILE — Essa imagem será usada quando fizer referências explícitas aos métodos ágeis, em especial ao Scrum.

PRINCE2 — Usarei essa imagem quando citar alguma prática ou princípio do Prince2®.

Como este livro está organizado

Este livro está organizado em quatro partes.

A Parte I começa situando os projetos em um contexto mais geral de mercado. Em seguida, apresenta um esquema mostrando a sistemática do gerenciamento de projetos, desde a iniciação até o encerramento. Logo depois, discute sobre a abertura formal do projeto e a identificação dos stakeholders.

A Parte II trata do planejamento do projeto, partindo da explicação sobre iterativo e incremental, e abordando aspectos mais relevantes do planejamento do escopo, recursos, prazos, custos, aquisições, contratações, riscos, comunicações. Por fim, fecha de forma integrada todas as informações de planejamento.

A Parte III aborda os principais aspectos a serem considerados durante a execução do projeto. Também são discutidos os principais eventos de monitoramento, dentro do propósito de oferecer uma trilha, uma direção a ser seguida, e não um trilho.

A Parte IV trata de aspectos relevantes do encerramento do projeto. Nas conclusões, algumas mensagens desta que vos escreve com muita paixão pelo que faz.

Cada capítulo está organizado em torno de quatro tópicos principais:

 POR QUÊ? Explica a motivação para estarmos tratando daquele assunto do capítulo.

 COMO? Descreve, em linhas gerais, uma trilha para colocar em prática o assunto proposto pelo capítulo. Ou seja, fornece orientações gerais sobre como agir.

 **FERRAMENTAS** Fornece um ou mais instrumentos que podem ser usados para ajudar a colocar em prática o tópico proposto pelo capítulo. Não se trata de ferramentas de software, tratam-se de instrumentos genéricos que podem ser usados para facilitar o serviço.

 **RESULTADO** Esse tópico mostra as principais saídas tangíveis após a execução das ações de gestão propostas no capítulo.

PARTE 1: INÍCIO

"Um caminho de mil milhas começa com o primeiro passo."

Frase de desconhecido

Capítulo 1 - Olhe ao redor, sinta o contexto e adapte-se

Não tem como fazer gerenciamento de projetos sem prestar atenção em mercado, demandas e tendências. Ninguém gerencia projetos no vácuo. Os projetos acontecem dentro de um contexto, uma empresa, uma instituição, uma entidade maior com estratégias e metas a serem atingidas, clientes a serem atendidos. Cada projeto é apenas uma dentre tantas iniciativas executadas para atender a essas metas. As pessoas que trabalham nos projetos precisam saber o que é importante para a instituição para a qual elas estão trabalhando. Se não compreenderem, podem tomar a decisão errada.

Dessa forma, saia do quadradinho do seu projeto e amplie seu olhar. Certamente, durante seu percurso, você terá que se adaptar porque o mercado exigirá. Use o princípio do Waze[1] para conduzir seu projeto. Ao longo do seu trajeto, o Waze analisa continuamente o contexto para te oferecer a melhor opção. Perceba que o aplicativo analisa seu trajeto e não somente o seu destino.

Você tem noção, em linhas gerais, em qual **contexto empresarial** está trabalhando hoje?

Segundo os maiores pensadores, realizadores e influenciadores em gestão, estratégia e inovação, há alguns anos as empresas têm passado por um processo de **reconfiguração contínua**. O que, porém, significa isso?

Rita Gunther, uma das pensadoras de gestão mais influentes do mundo, mencionou em uma de suas palestras: "Fiz um estudo, em 2009, com mais de cinco mil empresas de capital aberto, que têm valor de mercado acima de US$1 bilhão. Só dez delas cresceram o faturamento líquido em um período de dez anos. Fui descobrir como e vi que essas empresas não haviam feito demissões em massa, fusões importantes ou mudanças radicais"[2].

Ou seja, as empresas haviam feito muitas pequenas mudanças, continuamente.

---

[1] *Waze é um aplicativo de navegação GPS móvel, baseado em uma comunidade. Atualiza a rota e horário de chegada ao destino, com base em dados reais de trânsito, coletados dos usuários que estão com o aplicativo ativo naquele momento.*

[2] GUNTHER, Rita. **Não existe mais vantagem competitiva.** *Época Negócios.* Disponível em: http://epocanegocios.globo.com/Inspiracao/Empresa/noticia/2014/11/nao-existe-mais-vantagem-competitiva-diz-rita-gunther.html. Acesso em: 15/10/2015.

Isso tem ocorrido devido ao fenômeno da efemeridade[3] — das relações pessoais, das ideias, da lealdade às marcas etc. Efêmero significa aquilo que dura pouco. Vivemos a era do fugaz. As empresas estão criando produtos com ciclos de vida cada vez mais curtos porque as pessoas querem liberdade para mudar a hora que desejarem. Não existe mais fidelidade. As empresas precisam pensar de maneira efêmera para continuarem perenes. Muitos produtos e serviços já nascem com prazo para serem encerrados. É a famosa Obsolescência Programada.

Vivemos no mundo das pop-up stores[4], bares itinerantes. Dessa forma, é urgente fazer certo da primeira vez. Seu projeto deve ser rápido, preciso e entregar valor na frente dos outros. Você deve aproveitar o aprendizado, durante o desenvolvimento do projeto, para acertar o mais rápido possível e entregar benefício. O princípio do Waze.

Como o público quer liberdade para mudar, as empresas precisam investir seus esforços, aprendendo **como** está seu público e adaptando o tempo todo. "Pessoas não **são**, pessoas **estão**. Os dados demográficos são pouco relevantes. Os fatos que ocorrem na vida das pessoas é que dão a exata dimensão de quem elas são", analisa Walter Longo, um dos maiores especialistas em comunicação, inovação e no uso da tecnologia como força competitiva[5]. Ele chama essa macrotendência de **sincronicidade**.

---

[3] LONGO, Walter. *Marketing e Comunicação da Era Pós-Digital* — As Regras Mudaram. Rio de Janeiro: HSM Editora, 2014.

[4] Lojas que funcionam por um curto espaço de tempo. Surgem para aproveitar uma concentração momentânea de público, explorar algum tema que esteja na moda ou causar impacto.

[5] LONGO, Walter. *Marketing e Comunicação da Era Pós-Digital* — As Regras Mudaram. Rio de Janeiro: HSM Editora, 2014.

 **NA REAL**

"O bebê acordou na madrugada? FOX Sports te ajuda a fazê-lo dormir com Jogo pra Ninar." Esse era o slogan do serviço oferecido pelo canal de esportes. O canal estava oferecendo, de madrugada, jogos de futebol sonorizados com canções que ajudam os bebês a dormir. Durante todas as partidas, o som emitido era de canções de ninar. Havia, no entanto, legendas da transmissão. Assim, o pai poderia cumprir o seu papel e se divertir ao mesmo tempo. O mais interessante é que a iniciativa se tratava de um presente, no Dia Internacional da Mulher, para as mães, que também merecem descansar[6]. Sincronicidade é conhecer bem sobre casais com filhos recém-nascidos e saber que acordam muito de madrugada. Por que não tornar esse momento menos doloroso?

6 Fonte: http://www.foxsports.com.br/videos/408013379900-bebe-acordou-na-madrugada-fox-sports-te-ajuda-a-fazelo-dormir-com-jogo-pra-ninar

Outra macrotendência de que estamos ouvindo falar muito é a **concorrência** entre empresas de **setores completamente diferentes**. Claro, a concorrência em si é mais velha que andar para frente. Estou falando de uma concorrência diferente: sobre a Apple, uma empresa de computadores e celulares, concorrer com empresas que produzem relógios. Sobre a Google, uma organização que surgiu com algoritmos de pesquisa em texto, destruir empresas que produziam mapas impressos. Empresas que fabricam aparelhos celulares concorrendo com as que produzem máquinas fotográficas. Google concorrendo com empresas de automóveis. A concorrência está indo além disso. Empresas com uma dúzia de pessoas estão desestruturando a forma com que pessoas pensam em transporte e hospedagem. Talvez, devido a movimentos ligados ao pensamento enxuto, redução de desperdício e sustentabilidade. Essas empresas estão pensando de maneira inovadora e oferecendo produtos e serviços, que hoje fazem parte da economia criativa e que estão desestruturando aquelas que insistem em permanecer no tradicional. Não adianta achar que as vantagens das empresas são para sempre. As que ficam são as que mudam sempre e as que mudam são as que executam projetos com sabedoria e que atendem às necessidades, cada vez mais mutantes, da sociedade. Sincronicidade.

No meio disso tudo, ainda existe um fator complicador: a quantidade de informação gerada com a qual temos que lidar é tão grande, que o recurso escasso é a nossa atenção. O ser humano não consegue mais filtrar e usar a informação sozinho para gerar valor e fazer melhor, mas precisa, cada vez mais, usar melhor a informação correta para estar na frente. Isso é um paradoxo. Para lidar com isso, a colaboração é um artifício valioso. Pessoas com informações e bagagens diferentes, colaborando entre si para gerar benefício. Só isso, porém, não basta. Então, entra o fenômeno da mutualidade — máquinas falando com máquinas. Programamos máquinas para tomar decisões para nós. A inteligência, todavia, deve ser nossa, pois nós ensinamos a elas o processo da decisão.

O resumo disso tudo? Velocidade importa — mude rápido, erre rápido, corrija rápido. Não tem como não errar — que seja rápido então. Esqueça estabilidade. Isso não existe há muito tempo. Projetos existem para que as empresas se adaptem às mudanças. Gerenciar projetos é absorver a instabilidade como forma de trabalho.

Vamos começar logo a falar de projetos.

Assista ao vídeo PM Story — Conceitos básicos, que ilustra os conceitos de projetos, programas, portfólio. Vídeo em: http://bit.ly/PMSbasico

Capítulo 2 - Faça o que é relevante

Olhe um projeto de longe. Qualquer projeto.

Independentemente do método escolhido para conduzir este projeto, existe uma essência, um fio condutor no processo de gerenciamento do projeto. É sobre esse fio condutor, sobre o que é mais importante no gerenciamento de um projeto, que falaremos neste livro. Hoje em dia, estamos sobrecarregados por guias, frameworks, metodologias e ferramentas: PMBOK®, Prince2®, Agile, Kanban, Lean, dentre inúmeros outros. A cada dia, surge um nome novo, um **mindset** novo. Ou velhos paradigmas com roupagem nova.

Precisamos extrair de tudo isso a mensagem relevante. Ao longo do desenvolvimento de um projeto, o que deve ser feito em termos de gerenciamento, em linhas gerais? O que não pode faltar para conduzir o projeto com sucesso?

Não é tão difícil identificar o que é mais relevante, apesar de que a relevância pode variar para cada tipo de projeto. A dificuldade está em estabelecer uma ordem para as ações de gerenciamento acontecerem, porque, muitas vezes, elas são fluidas, acontecem ao mesmo tempo, sem nos deixar, não raro, perceber que estamos fazendo o gerenciamento do projeto.

Vamos a elas:

CICLO DE VIDA DO PROJETO
e suas principais ações

INÍCIO

Antes de começar a construir o resultado do projeto, pense primeiro em como vai fazer. Isso se chama PLANEJAMENTO.

PLANEJAMENTO

STAKEHOLDERS

PATROCINADOR OU LÍDER

LÍDER DO PROJETO — CLIENTE

ESPECIALISTAS — LÍDER

1 IDENTIFICAR STAKEHOLDERS

Identifique aquelas pessoas e áreas que podem impactar ou serem impactadas pelo projeto. Faça isso continuamente, mas tente obter essa informação o mais cedo possível. Isso te dará base para gerenciar essas pessoas e comunicar o projeto de maneira mais eficiente.

2 INICIAR FORMALMENTE

INICIE o projeto formalmente. Todos merecem saber as informações mais importantes sobre o projeto e quem é que responde por ele.

3 IDENTIFICAR E PRIORIZAR REQUISITOS

Converse com o cliente sobre o que ele precisa — os REQUISITOS. Coloque em ordem de prioridade. Se ele não souber em detalhes o que deseja, obtenha as informações de alto nível.

4 DEFINIR E PRIORIZAR ENTREGAS

Identifique junto à equipe O QUE DEVE SER FEITO — o conjunto de entregas que define o escopo. Se ainda estiver nebuloso, tenha uma visão geral do todo e PRIORIZE o que deve ser feito antes. Se houver necessidade de CONTRATAÇÃO DE SERVIÇOS, ESPECIFIQUE o que será contratado.

5 ESTIMAR

Faça uma ESTIMATIVA DE ALTO NÍVEL, com base nos dados que você tem até o momento. Use DADOS HISTÓRICOS de projetos semelhantes (Isso é ouro!). Deixe claro que essa estimativa é baseada nesses dados.

(EXECUÇÃO)

6 PLANEJAR POR ETAPAS

Divida seu projeto em etapas ou incrementos. Combine o que será feito em cada etapa, com resultados tangíveis e verificáveis. Não fique ansioso se você ainda não sabe como desenvolverá tudo; essas informações aparecerão, à medida que o projeto avançar.

LÍDER — STAKEHOLDERS

7 KICK-OFF

Mostre o plano à equipe e a outros impactados. Obtenha anuência e comprometimento deles a respeito do que será feito. Muitos chamam esse momento de kick-off do projeto. Trata-se do pontapé inicial, após o planejamento e antes da execução.

26

EXECUÇÃO

9 EXECUTAR ETAPA E MEDIR

A execução é o momento de colocar em ação o que foi planejado — a EQUIPE é responsável por CONSTRUIR O RESULTADO DO PROJETO. Se houver contratação de serviços, os FORNECEDORES serão responsáveis por PARTE DO RESULTADO. Como coordenador do projeto, REGISTRE o que foi realizado junto à equipe, compare planejado com realizado, identifique e resolva problemas. Cuide do projeto de perto. Nunca deixe de MEDIR o que você já executou. Isso te dará base para planejar a próxima etapa e adequar seu projeto.

8 DETALHAR ETAPA E VALIDAR

Durante a execução, DETALHE a parte priorizada do seu projeto que deve ser desenvolvida a seguir (incremento), reestime essa parte com a equipe e valide com o cliente.

10 FAZER ENTREGA PARCIAL

Ao terminar uma etapa do projeto, envolva o cliente, se for possível. Comunique a ele o que foi feito. Mostre, caso seja pertinente, a parte que está pronta para que ele tenha a sensação de realização parcial. Tente fazer uma ENTREGA PARCIAL formal. Esse momento pode ser aproveitado para detalhar os requisitos da próxima etapa e informar o status do projeto.

11 COMUNICAR STATUS

Caso seja pertinente, ao final de cada etapa, envolva também o patrocinador do projeto. Ele é o responsável por designar recursos ao projeto e protegê-lo. Logo, ele merece uma satisfação. Na maior parte dos casos, provavelmente, ele vai querer informações resumidas do andamento do projeto — se está dentro dos prazos e custos e o que já foi feito.

8 - 11 LOOP

Enquanto houver mais incrementos, repita essa operação: planejar em detalhes, executar, registrar, medir, avaliar e ajustar.

ENCERRAMENTO

12 ENCERRAR

Ao terminar todos os incrementos, ENCERRE o projeto: entregue o resultado final, obtenha o aceite do cliente para o projeto todo, guarde os registros, libere os recursos, comunique o desempenho geral do projeto e comemore!

Durante o desenvolvimento de todo o projeto, procure ver se aprendeu algo que possa ser usado para melhorar as próximas etapas, adequar o percurso. Use o princípio do Waze! Mude a rota se for necessário, mas, para isso, é preciso usar os dados passados e prever dados futuros com inteligência.

Como foi informado, essas ações de gerenciamento são sugeridas a partir de vários frameworks de mercado. Você não é obrigado a seguir exatamente o que foi descrito; é uma sugestão. Se o projeto que você está desenvolvendo lhe permite e exige levantar em detalhes todos os requisitos antes de executar, vá em frente. A palavra de ordem é: adapte a forma de gerenciar à natureza e à complexidade do projeto, ao perfil e à maturidade da equipe, bem como à cultura da instituição em que o projeto está inserido.

[1] Iterativo significa desenvolvido por repetições, várias etapas. Incremental diz respeito a desenvolver pequenos incrementos ou acréscimos do resultado do projeto a cada iteração.

No Scrum — framework ágil mais conhecido — o **processo** de desenvolvimento do projeto é mais rigoroso, alguns eventos são obrigatórios. Esse método se aplica bem em determinados tipos de projeto, como desenvolvimento de aplicativos de software, projetos de inovação, comunicação e publicidade, eventos, dentre outros. Muitas práticas sugeridas neste livro se baseiam em métodos iterativos e incrementais[7], nos quais o Scrum também se baseia. Por isso, o livro sempre fará pequenas observações sobre como as coisas acontecem neste framework ágil.

No Scrum, existem três funções (ou papéis) principais. O **Product Owner (PO)** é um especialista do negócio que representa todos os stakeholders, responsável por comunicar a visão do produto, por levantar, especificar, detalhar e priorizar os requisitos do projeto, assegurando que os requisitos mais importantes sejam produzidos primeiro. O **Scrum Master** é responsável por liderar o time, fazendo papel de coach, removendo impedimentos, evitando interrupções externas, garantindo que os eventos e reuniões necessários para desenvolver o projeto estejam sendo realizados. O **Time** é o conjunto de pessoas com as especializações necessárias para implementar os resultados do projeto, gerenciando seu próprio trabalho e participando de todos os eventos e reuniões obrigatórias do Scrum.

De forma bem resumida, o processo de desenvolvimento de um projeto do Scrum segue a seguinte linha:

A) O Product Owner (PO) cria uma lista de todos os requisitos dos stakeholders que ele representa. Esses requisitos são chamados normalmente no Scrum de histórias de usuários. Eles devem ser priorizados por ordem de importância — aqueles que geram mais valor devem ser desenvolvidos primeiro e estar em um nível de detalhe maior. Uma estimativa de alto nível do tamanho de cada requisito pode ser feita.

....

B) O PO passa a visão, com informações sobre os objetivos do projeto e onde se deve chegar.

....

C) O projeto é desenvolvido por sprints, que consistem em fases ou etapas de duração fixa (time-boxed). Todos os sprints devem ter a mesma duração, normalmente 2 a 4 semanas. Com base na velocidade e capacidade do time, são definidos os requisitos mais prioritários que podem ser completamente desenvolvidos no próximo sprint.

....

D) No início do sprint, uma reunião de planejamento (Sprint Planning) é realizada com algumas ações importantes:
  • PO explica cada requisito que deve ser desenvolvido no sprint.
  • É estabelecida a meta do sprint.
  • Time decompõe os requisitos em atividades e cria estimativas para estas atividades.

....

E) Durante o andamento do sprint, diariamente, o Time se reúne (Daily Meeting) para responder a três perguntas:
  • O que foi feito ontem?
  • O que será feito hoje?
  • Existe algum impedimento?
Normalmente, um quadro Kanban é atualizado com as atividades em andamento, bem como um gráfico chamado Burndown, que mostra, grosso modo, itens a fazer. O Scrum Master atua removendo os impedimentos.

....

F) Ao final do sprint, é realizada a Sprint Review, onde um incremento do produto é apresentado ao PO, que fornece feedback se a meta do sprint foi atingida.

....

G) Após a Sprint Review, é realizada uma reunião de Retrospectiva da Sprint, quando o time registra as lições aprendidas do processo de desenvolvimento do projeto, e adaptações podem ser feitas.

....

H) Durante todo o desenvolvimento do projeto, o PO é responsável por detalhar, estimar e redefinir a ordem de prioridade dos requisitos. Itens novos podem ser adicionados à pilha de requisitos com a prioridade desejada.

....

I) Esse processo é repetido, enquanto houver itens a serem desenvolvidos em sprints, até o encerramento do projeto, quando o produto completo terá sido desenvolvido.

Veja de uma forma ilustrada a seguir:

DESENVOLVIMENTO DE UM PROJETO DO SCRUM

A PO registra, detalha e prioriza requisitos

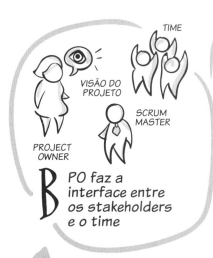

B PO faz a interface entre os stakeholders e o time

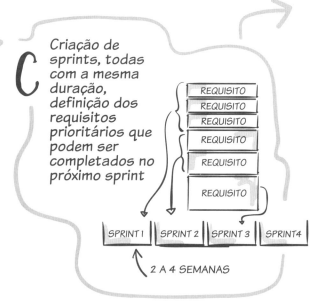

C Criação de sprints, todas com a mesma duração, definição dos requisitos prioritários que podem ser completados no próximo sprint

2 A 4 SEMANAS

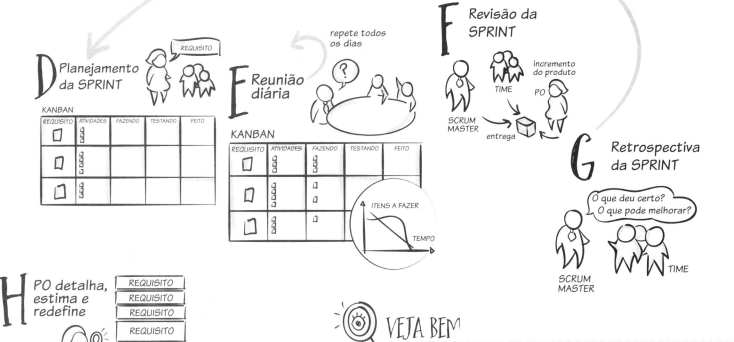

Capítulo 3 - Inicie seu projeto de verdade, não pule essa etapa

 **NA REAL**

Lá pelo quinto copo de chope, o "gerente do projeto" me disse: "Amanhã, sem falta, eu preencho o template do TAP". O problema é que o projeto já tinha começado há umas três semanas e a pessoa estava ali jurando que ia gastar o tempo dela para fazer algo que não era mais útil. Anote aí uma dica valiosa: nunca fale em voz alta que preencherá, no futuro, um template que você já deveria ter preenchido no passado. Assim, fica muito difícil de te defender.

TAP, para os menos entendidos, significa **Termo de Abertura do Projeto**, a certidão de nascimento, a formalização do início do projeto. Pode ser um documento, uma ata de reunião ou um e-mail com as **principais informações do projeto**, elaborado logo no início, com informações de alto nível, sem detalhes. Todos os **principais stakeholders**, aquelas pessoas e áreas envolvidas no projeto, devem ter conhecimento do projeto e, de certa forma, consentir com ele.

 **POR QUÊ?** Pense no lugar onde você trabalha. Não precisa ser uma grande empresa. Pode ser um pequeno buffet, que atende desde pedidos avulsos de doces até festas de casamentos. Ou uma empresa de engenharia, que trabalha com incorporações imobiliárias. Ou uma empresa de consultoria, que implanta sistema de gestão empresarial e customiza o sistema para atender aos processos dos clientes. Pode ser uma firma de eventos, de comunicação, TI, banco, saúde, indústria ou qualquer outra. Toda empresa tem um orçamento restrito para gastar em um determinado período. É um dinheiro que deve ser gasto tanto com salários, compras de insumos, impostos etc, quanto com mudanças, projetos e novas iniciativas. Ela

costuma escolher as ações mais prioritárias onde gastar seu dinheiro. Isso está no âmbito da gestão do portfólio, mas impacta no que vamos falar.

O nosso dia a dia funciona da mesma forma. Quando sua avó pergunta: "E a festa de noivado, minha filha?". Você explica que ficará para o final do ano porque tem que acabar a pós-graduação primeiro. Assim como as organizações, temos um orçamento finito e escolhemos as iniciativas de rotina (gasolina, padaria) e os projetos (pós-graduação, festa de noivado) para investir nosso dinheiro. Não conseguimos, porém, investir tudo de uma vez e vamos iniciando nossos projetos ao longo ao tempo. Com as empresas, é a mesma coisa.

Dessa forma, as pessoas envolvidas nos projetos até gostariam, mas não conseguem adivinhar quando um projeto do interesse delas está começando. A abertura formal do projeto — ou iniciação formal do projeto — serve para isso: informar a todos que o projeto está começando, apresentar as principais informações sobre o projeto e dizer quem é o responsável por conduzir o projeto.

 COMO? Inicie seu projeto do jeito que você quiser, desde que esteja dentro das leis e que a cultura da empresa permita. Existem empresas que fazem reuniões formais com apresentações e registros em ata. Outras apenas enviam um e-mail. Já vi cliente usar megafone no pátio da empresa.

Como a abertura formal ocorre logo no início, onde temos poucas informações, e o principal objetivo é informar que o projeto começou, não podemos gastar muitos esforços aqui.

NA REAL

Certa vez, um cliente da área de desenvolvimento de software criou um template de documento de abertura com três páginas. Ele tinha dom para design e foi o template mais lindo que eu havia visto, com umas 20 seções sobre diversas informações acerca do projeto. Tentei alertá-lo sobre o esforço desnecessário para passar poucas informações a pouquíssimas pessoas. Em vão. Ele queria impressionar. Só usou uma vez. Depois, substituiu por um modelo de e-mail pronto com informações pré-definidas que o cliente realmente precisava e já esperava. Ele não tinha mais que cinco minutos para iniciar um projeto. Normalmente, os projetos típicos da empresa tinham apenas meia dúzia de envolvidos, que já conheciam o que era importante. O e-mail servia apenas para formalizar e eliminar ruídos de entendimento. Cumpria seu dever.

NA REAL

Existem casos em que a abertura do projeto exige um processo cheio de etapas. Uma empresa de consultoria costumava perder cerca de 30% de sua receita com horas que ela chamava de não produtivas. Isso acontecia sistematicamente porque a área comercial, para concretizar a venda, acabava prometendo o que a área de projetos nem imaginava ter que cumprir. O problema é que a área de projetos só descobria isso quando o desenvolvimento do projeto estava em fase muito adiantada. Para minimizar desgastes com o cliente, a empresa acabava cedendo esforço extra para atender, pelo menos parcialmente, ao que a área comercial havia prometido. Essa situação estava reduzindo os lucros da empresa a níveis muito baixos.

Decidiram, então, criar um processo rigoroso para iniciar o projeto formalmente.

EXEMPLO DE ABERTURA FORMAL DO PROJETO

1 Área comercial preenche check-list com informações do projeto junto ao escritório de projetos

2 Escritório de projetos escolhe o gerente do projeto e repassa informações do projeto a ele

3 Gerente do projeto entende a lógica do projeto e agenda reunião de alinhamento com ponto focal do cliente

4 Gerente do projeto, área comercial e ponto focal do cliente reúnem-se para repassar check-list e alinhar entendimentos

5 Gerente do projeto elabora a apresentação formal do projeto

6 Ponto focal do cliente agenda reunião formal de abertura com todos os outros stakeholders

7 Apresentação formal de abertura acontece

É importante ressaltar que esse tipo de projeto de consultoria impactava dezenas de stakeholders nos clientes, mas sempre existia um grupo focal no cliente, que fazia a interface com a empresa. Veja que um processo foi descrito simplesmente para iniciar um projeto formalmente, mas é necessário isso tudo? No caso dessa empresa, sim, absolutamente. Depois dessa intervenção, o número de horas anuais não produtivas de todos os projetos da empresa caiu de 4.600 para 120. Uma queda de quase 93% e ainda tem gente que chama de burocracia!

FERRAMENTAS

As informações para a abertura de um projeto variam um pouco, mas certamente algumas são essenciais. Neste livro, vou apresentar o Project Model Canvas[8], que tem se mostrado um recurso amplamente aceito, tanto nas aulas quanto nas empresas. O PM Canvas contém as informações essenciais para compreender a lógica de qualquer projeto. Em algumas empresas, parte das informações presentes no PM Canvas não são fornecidas simplesmente porque a empresa não as dispõe no momento da abertura, mas isso não invalida o Canvas.

Canvas significa tela. O PM Canvas é uma grande tela, onde as informações do projeto são inseridas, em uma única página. Uma vantagem dessa ferramenta é o fato de usar recursos visuais para representar as informações. Cada informação presente no PM Canvas está localizada de forma a tornar mais fácil a compreensão de seu significado e a verificação de sua consistência. Normalmente, as informações no PM Canvas são inseridas de maneira colaborativa — por todos que estão envolvidos com o projeto — usando post-its.

8 FINOCCHIO JÚNIOR, José. *Project Model Canvas*. Rio de Janeiro: Elsevier, 2013.

As informações no PM Canvas estão dispostas de forma a responder a seis perguntas fundamentais que toda nova iniciativa deve responder: por quê, o quê, quem, como, quando e quanto.

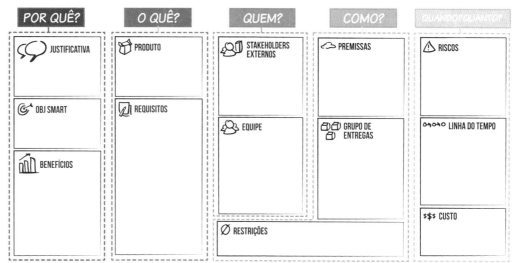

Project Model Canvas
Fonte: www.pmcanvas.com.br

O Project Model Canvas **não** é um template para a abertura do projeto. Neste livro, ele está sendo apresentado como uma ferramenta que **pode ser usada** para a abertura formal do projeto. Qualquer outro instrumento pode ser usado, desde que sejam apresentadas as informações pertinentes sobre o projeto.

O PM Canvas também é muito usado em etapas avançadas do projeto, como planejamento de alto nível, ou até mesmo como uma ferramenta visual de comunicação do projeto em uma única folha.

COMECE PELO PITCH E GERENTE DO PROJETO

PITCH é o nome curto que denomina seu projeto, mostra a essência do seu projeto. Por exemplo: Casa de campo na serra, Congresso de Gestão Descomplicada, Campanha publicitária do curso de projetos.

GERENTE DO PROJETO (GP) é o nome da pessoa responsável por responder pelas principais questões do projeto. Ele é o cara. Ele não realizará todas as ações, mas será o ponto focal, o integrador.

VEJA BEM!

Tenho visto uma tendência em relação ao compartilhamento da gestão do projeto. Pessoas da equipe ficam responsáveis por determinadas partes da gestão. É comum, porém, haver o responsável final. Esse é o GP. Todos os envolvidos devem saber que é a ele que devem recorrer sobre questões do projeto.

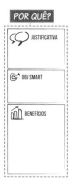

POR QUE ESTAMOS FAZENDO ESSE PROJETO?

Lembre-se de que seu projeto tem que gerar algum benefício, tem que gerar valor, tem que servir para alguma coisa. Isso deve ficar claro para todos. Comece sempre com o "por quê".

JUSTIFICATIVA

A justificativa do seu projeto consiste em problemas, oportunidades ou demandas não atendidas que existem hoje. Ao cumprir com seu objetivo, a ideia é que a organização saia dessa situação atual e vá para uma situação futura com os benefícios gerados pelos resultados do projeto.

No PM Canvas, a justificativa deve ser sempre escrita na forma negativa. Por exemplo, se você escrever, na seção Justificativa, "Aumentar faturamento", você, na verdade, descreverá um benefício futuro esperado após a implantação do seu projeto, e não um problema atual. O correto seria escrever "Faturamento baixo".

Outro ponto importante é sempre colocar um "pedaço" de informação em cada post-it.

OBJETIVO SMART

Objetivo é uma palavra que todo mundo entende. É aquilo que se deseja atingir. O que se pretende fazer, em linhas gerais. Um objetivo SMART normalmente começa com um verbo, contém descritores que tornam seu conteúdo bem específico, deve ser atingível pela empresa, ter algum número que possa ser medido ao final do projeto. Também costumamos colocar uma expectativa de tempo máximo para ser concluído.

S SPECIFIC — Específico: com qualificadores suficientes para esclarecer o projeto

M MEASURABLE — Mensurável: pode ser medido ao final do projeto

A ATTAINABLE — Alcançável: pode ser realizado com os recursos da organização

R REALISTIC — Realista: deve ser realista, condizente com a realidade

T TIME-BOUND — Delimitado no tempo: possui data limite para ser cumprido

Exemplos de objetivos[9]:

[9] Todos os exemplos referentes ao Congresso de Gestão Descomplicada foram adaptados do Plano do IV Congresso Brasileiro de Gerenciamento de Projetos, gentilmente cedido por Lauro Castro, Gerente do Projeto.

CASA DE CAMPO

Construir uma casa de campo de andar térreo, em um terreno de 250m² já existente, com vista para a Serra do Curral (MG). Deve acomodar 4 casais com conforto para dormir, área de lazer com ampla cozinha e home theater interligados e hidromassagem com vista para a serra. A casa deve ficar pronta em oito meses após a escolha do arquiteto.

CONGRESSO DE GESTÃO DESCOMPLICADA

Produzir um Congresso de Gestão Descomplicada de dois dias para um público de 300 pessoas das áreas de finanças, projetos, negócios, TI e marketing, que tenha 2 keynotes de renome nacional para palestrarem no início e fim do evento e três palestras em paralelo a cada hora, com temas ligados à gestão simplificada. O Congresso deve acontecer na região central da cidade de Belo Horizonte no mês de setembro e a divulgação deve começar no início do ano.

BENEFÍCIOS

Os benefícios são os ganhos que seu projeto trará após atingir seu objetivo. Normalmente, são associados a aumento de coisas boas ou redução de coisas ruins. Tome cuidado na redação dos benefícios. Por exemplo, "automatização dos cálculos de juros" não é um benefício; é algo que o projeto fará. O benefício é o ganho que o projeto oferecerá com a automação — redução do tempo de processamento, redução de erros de cálculos etc.

CASA DE CAMPO

- Promover o bem-estar da família com um espaço de descanso aos fins de semana
- Melhorar a interação social com a família aos fins de semana

CONGRESSO DE GESTÃO DESCOMPLICADA

- Promover networking de pessoas da área de gestão
- Oxigenar o mercado mineiro com novas práticas de gestão descomplicada
- Melhorar capacidades dos participantes do Congresso em termos de gestão descomplicada

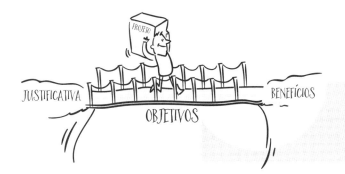

DICA

Verifique se o objetivo do projeto está realmente levando a organização de uma situação atual não desejável para uma situação futura com benefícios.

# NA REAL

Certa vez, eu estava liderando um projeto de implantação de uma metodologia de gerenciamento de projetos em um banco. Estávamos fazendo a abertura formal do projeto, junto com vários stakeholders, usando o PM Canvas. O objetivo era padronizar as práticas de gerenciamento de projetos na empresa, dando mais transparência, profissionalismo, produtividade e credibilidade. Em um determinado momento, várias pessoas haviam colocado como justificativa o fato dos projetos mudarem de prioridade constantemente. Ao visualizar o Canvas, percebemos que essa demanda não seria atendida pelo projeto, pois a mudança de prioridade dos projetos era algo que dizia respeito à gestão do portfólio. Foi bom ter ficado claro logo no início, pois as expectativas acerca dos resultados do projeto foram alinhadas.

O QUE O PROJETO VAI GERAR?

Todo projeto gera um produto, um serviço ou um resultado.

PRODUTO

Consiste no resultado do projeto. O que o demandante, o usuário, o cliente deseja ter depois que o projeto for concluído. Lembre-se de que estamos no início do projeto, mas, mesmo assim, o cliente deve saber o resultado que deseja, não é mesmo?

O produto é a descrição resumida do resultado do projeto. Enquanto que o objetivo SMART é um verbo — o que se pretende atingir —, o Produto é um substantivo.

CASA DE CAMPO

> Casa de campo de andar térreo de 250 m² com vista para a Serra do Curral, em Minas Gerais, com 4 suítes, área de lazer com ampla cozinha e home theater interligados e hidromassagem com vista para a serra.

CONGRESSO DE GESTÃO DESCOMPLICADA

> Congresso de Gestão Descomplicada de dois dias, na região central de Belo Horizonte, em setembro, para 300 pessoas, com dois keynotes de renome nacional no início e fim do evento e três palestras paralelas a cada hora.

REQUISITOS

Os requisitos são as características que o cliente, usuário ou demandante do projeto desejam ou necessitam em relação ao produto do projeto. Podem ser características relacionadas à qualidade, tamanho, forma, funcionalidade, desempenho, confiabilidade etc. Os requisitos estão relacionados a detalhes. Por isso, na iniciação do projeto, e até mesmo durante o planejamento, é muito difícil o cliente conhecer a totalidade dos requisitos em relação aos resultados do projeto. Assim, muitas vezes, os requisitos somente são refinados ao longo do projeto. Como estamos na abertura do projeto, destacamos os principais requisitos, aqueles imprescindíveis ou que já são conhecidos.

 **VEJA BEM!**

Muita gente confunde requisitos e escopo. Alguns acham que requisitos e escopo são a mesma coisa. Outros têm certeza disso. Existe, porém, uma diferença importante entre esses dois conceitos que precisa ficar clara.

Lembre-se de que os requisitos são demandados pelo cliente. É o que o cliente comunica a respeito do que ele quer como resultado. Escopo é o conjunto de entregas que a equipe do projeto produzirá para ter o produto pronto.

 **NA REAL**

Imagine o exemplo da casa de campo de 250 m². Dentro da sua cabeça, você tem a imagem dessa casa. Ela está situada em uma região muito alta e tem uma vista linda para a Serra do Curral, em Minas Gerais. Você quer que a entrada da casa seja para uma cozinha ampla com um mesão, de forma que quem cozinhe participe da conversa dos convidados que estão na mesa. À frente da mesa, uma hidromassagem para oito pessoas, em um espaço aberto com a vista da serra. O cômodo ao lado da cozinha é uma sala de home theater com a possibilidade de interligar a esse ambiente. A casa tem quatro suítes no térreo e vagas para seis carros.

Isso é o que você **deseja**, esses são seus requisitos. Isso está na sua cabeça e você não faz a menor ideia de como executar esse projeto. Sua obrigação, como cliente, é tentar ser o mais preciso possível na externalização dos seus requisitos, de forma que a equipe de especialistas que executará o serviço obtenha o resultado que você deseja.

Exemplos de requisitos da casa de campo:

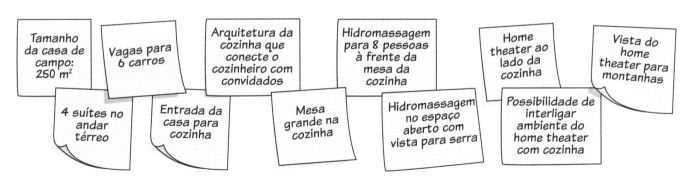

Sobre o Congresso de Gestão Descomplicada, podemos estabelecer os seguintes exemplos de requisitos:

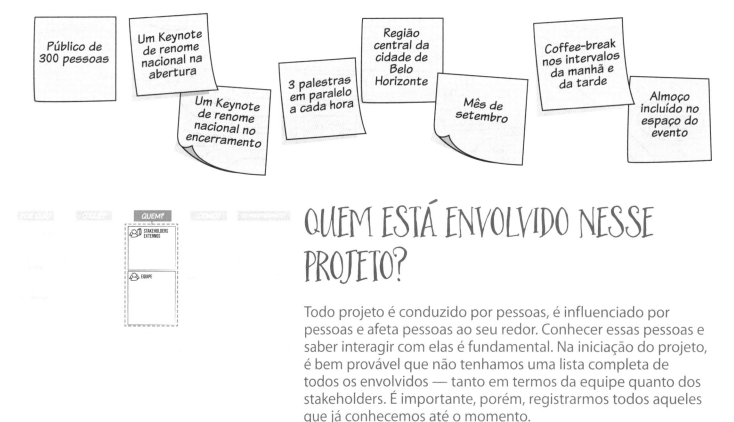

QUEM ESTÁ ENVOLVIDO NESSE PROJETO?

Todo projeto é conduzido por pessoas, é influenciado por pessoas e afeta pessoas ao seu redor. Conhecer essas pessoas e saber interagir com elas é fundamental. Na iniciação do projeto, é bem provável que não tenhamos uma lista completa de todos os envolvidos — tanto em termos da equipe quanto dos stakeholders. É importante, porém, registrarmos todos aqueles que já conhecemos até o momento.

STAKEHOLDERS EXTERNOS OU FATORES EXTERNOS

Os stakeholders externos são aquelas pessoas que não realizam nenhuma entrega do projeto; ou seja, não fazem parte da equipe. Detêm, todavia, requisitos e restrições e, principalmente, muitas premissas do projeto estão associadas a eles.

O Project Model Canvas (PM Canvas) também sugere colocar nessa seção os fatores externos, como, por exemplo, o clima, que pode gerar tempestades, e está fora do nosso gerenciamento. Uma entidade também pode ser considerada um fator externo, como, por exemplo, o condomínio onde a casa será construída.

Stakeholders externos da Casa de campo:

VEJA BEM!

O processo de identificação e análise dos stakeholders do projeto será abordado em detalhes mais adiante, no Capítulo 4 — Identifique aqueles que impactam seu projeto.

A identificação dos stakeholders começa no início do projeto, antes mesmo da abertura formal, e pode continuar até o encerramento. Estou apresentando o PM Canvas antes, neste livro, por considerar uma ferramenta didática para explicar a lógica de um projeto de forma resumida.

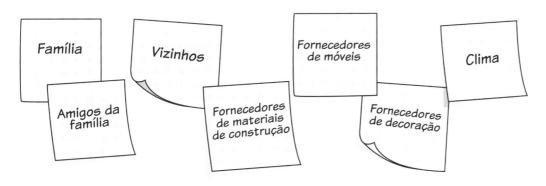

Stakeholders externos do Congresso de Gestão Descomplicada:

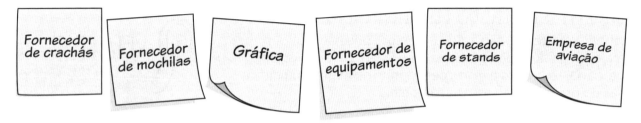

EQUIPE

A equipe é o conjunto de pessoas, ou papéis, que trabalharão para desenvolver o produto, serviço ou resultado do projeto. Certamente, no início do projeto, temos apenas um esboço, um borrão do que deve ser feito. Então, é bem provável que essa seção do PMC fique incompleta. Se você, no entanto, está desenvolvendo um projeto semelhante a um que costuma fazer com regularidade e sua equipe é estável, é possível que fique mais fácil associar pessoas à equipe. Por outro lado, se o projeto é algo com muita dose de incerteza e a equipe está fora do seu controle, então, tente pelo menos inserir os nomes das áreas ou papéis que terão alguma responsabilidade no projeto.

Equipe principal da Casa de campo:

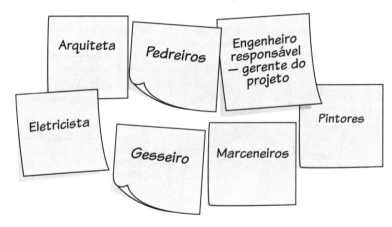

Equipe principal do Congresso de Gestão Descomplicada:

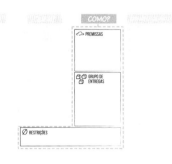

COMO ESTE PROJETO SERÁ ORGANIZADO?

Certamente, na iniciação do projeto, não temos a menor condição de determinar como desenvolvê-lo. Mesmo assim, nesse momento, o projeto já possui informações que determinarão algumas escolhas e condições futuras. Dessa forma, é importante que essas informações sejam registradas.

PREMISSAS E RESTRIÇÕES

Não existem informações que gerem mais confusão no mundo dos projetos que premissas e restrições. Tentarei fazer a minha parte.

PREMISSAS são todas as coisas que assumimos como verdadeiras no projeto, mas não temos como garantir. É tudo aquilo que **achamos** que acontecerá. São suposições. Nós contamos com as premissas para planejar o projeto.

Elas podem ser geradoras de riscos, uma vez que podem deixar de ser verdade a qualquer momento. Por isso, devem ser documentadas e constantemente monitoradas.

Geralmente, as premissas estão associadas aos stakeholders externos, e eles devem estar cientes delas e se comprometerem com elas.

Por exemplo, é assumido que o patrocinador do projeto proverá os recursos financeiros nos meses planejados. Não temos como garantir que isso acontecerá, não temos como forçar o patrocinador a fazer isso. Se essa premissa deixar de ser verdadeira, o projeto ficará sem recursos financeiros e isso trará impactos negativos.

Exemplo de premissas da Casa de campo:

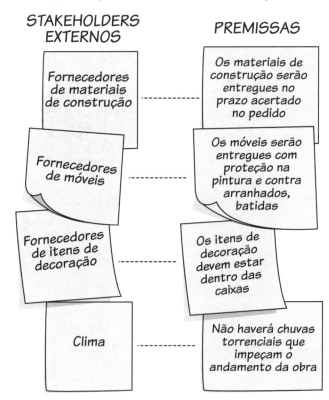

RESTRIÇÕES são **imposições** a que o projeto deve atender, são limitações. Normalmente, são associadas a prazo, custo, equipe, forma de trabalho.

> *Por que seu projeto não pode terminar antes? Porque ele possui restrições.*
> *Por que ele não pode custar menos? Porque as restrições existem.*

Exemplos de restrições:

Casa de campo

- A obra deve acontecer em período menos chuvoso.
- As instalações elétricas devem acontecer após a instalação do gesso.
- Os desenhos técnicos (projetos arquitetônico, elétrico, hidráulico etc.) devem ser aprovados antes do início das obras.
- As pedras da cozinha e banheiros devem ser instaladas antes dos armários.

Congresso de Gestão Descomplicada

- O banner do stand deve ser produzido apenas após fechamento dos patrocinadores.
- As fichas de avaliação só podem ser produzidas após definição de todos os palestrantes.
- As inscrições só podem ser abertas após fechamento da data e local do evento.

VEJA BEM!

Muitas pessoas confundem restrições com requisitos. Lembre-se de que requisitos são características do produto do projeto. Restrições são imposições, normalmente relacionadas à organização do trabalho, que impactam no prazo, custo e recursos.

ENTREGAS

As entregas dizem respeito àquilo que a equipe produzirá para ter o produto. O conjunto de entregas é o **escopo** do projeto. Pense no produto como um grande quebra-cabeças. Cada peça do quebra-cabeças é uma entrega.

Da mesma forma que foi comentado quanto à equipe, é possível que essa seção do PM Canvas fique incompleta inicialmente, pois ainda não sabemos ao certo todos os requisitos do cliente. Logo, não temos como saber todas as entregas.

Lembrando que, se você tiver desenvolvido projetos semelhantes, esse é o momento de aproveitar as entregas desses projetos e inseri-las nessa seção.

Quando falarmos sobre planejamento, veremos a parte de entregas e escopo em mais detalhes. Na iniciação, pensamos nas entregas apenas em alto nível, para termos uma noção mais grosseira de estimativa de prazo e de custo.

 DICA

É importante que cada entrega seja inserida no PMC na vertical, um post-it abaixo do outro, seguindo certa ordem, mas sem muita rigidez. Isso facilitará a visualização da relação de duração entre as entregas na linha do tempo.

Entregas da Casa de campo

Entregas do Congresso de Gestão Descomplicada

QUANDO O PROJETO ACONTECERÁ E QUANTO VAI CUSTAR?

Bem, muitas vezes, só sabemos o prazo e o custo do projeto depois que ele termina! É importante, porém, firmar algum **Norte**, ter alguma expectativa de ordem de grandeza. A ideia aqui é nadar no raso mesmo.

Você já imaginou, em seus projetos pessoais, não ter nem noção de quanto vai gastar e quanto tempo vai durar? Quer fazer uma boa festa para 500 pessoas e não faz ideia se custa 5 mil ou 50 mil? Acha que pode começar a pensar em arrumar buffet com dois meses de antecedência? Não será possível determinar com certeza o custo e o prazo, mas, certamente, o custo está mais próximo do segundo valor do que do primeiro. Sim, pode começar a economizar no churrasco hoje, se quiser oferecer uma festança no futuro, e comece a pensar nisso com pelo menos seis meses de antecedência!

RISCOS

Riscos é um tema que merece atenção especial e deve ser estudado com mais cuidado na parte de planejamento, mas, na iniciação do projeto, sempre temos em mente aquelas incertezas que estão "na cara", que podem trazer maior impacto ou têm maior probabilidade de acontecer.

Você é um organizador de Congresso? Então, deve morrer de medo de um palestrante faltar devido ao atraso do voo ou do equipamento de áudio falhar no momento da palestra.

Quem tem experiência com construção de casas de campo também sabe que as constantes faltas da equipe, erros de fornecedores e atrasos devido a fatores climáticos são coisas comuns de acontecer.

Logo, registramos nessa seção do PM Canvas apenas aquelas incertezas com mais chances de ocorrer. Ou então aquelas que, caso ocorram, provoquem maior impacto.

Riscos podem surgir de qualquer parte do seu projeto:

- ⚠ *Requisitos incompletos*
- ⚠ *Escopo (entregas) mal estruturado*
- ⚠ *Equipe nova ou mal preparada*
- ⚠ *Conflitos entre áreas*
- ⚠ *Expectativas mal alinhadas*
- ⚠ *Estimativas de prazos malfeitas*
- ⚠ *Poucos recursos disponíveis*
- ⚠ *Metas muito arrojadas*
- ⚠ *Grande número de pessoas envolvidas*
- ⚠ *Tecnologia nova a ser usada*
- ⚠ *E por aí vai...*

Muitos riscos vêm de fatores internos do projeto. Por outro lado, uma boa parte dos riscos é originada nas premissas. Como já foi explicado, as premissas são suposições que fazemos a respeito do projeto, mas não temos como garantir que sejam verdadeiras durante todo o projeto. O risco está relacionado ao fato de uma premissa ser ou se tornar falsa.

Também foi destacado que as premissas, muitas vezes, estão associadas aos stakeholders externos. Dessa forma, nosso exemplo da casa de campo ficaria assim:

O que isso, todavia, tem a ver com o prazo e o custo do projeto?

 **NA REAL**

Pense comigo: você está organizando um evento muito importante para um público de 300 pessoas. A primeira palestra é de um dos presidentes de empresa mais admirados do Brasil. Ela está programada para acontecer às nove da manhã. É a **abertura do Congresso**. Ela diz muita coisa. Nada pode dar errado. O presidente da empresa é de outra cidade. Você jura que vai economizar e reservar a passagem dele para as seis da manhã? Ou vai reservar uma diária de hotel e trazê-lo no dia anterior?

Pois bem, gerenciar riscos é gerir proativamente. É pensar **antes** nas incertezas, naquilo que pode ou não acontecer ao seu projeto. Caso aconteça, pensar nos impactos e se você conseguirá conviver com esses impactos. Você conseguiria conviver com uma plateia esperando o keynote speaker mais aguardado do seu evento e ele não chegando devido a um voo atrasado ou cancelado? Para tratar essa questão, você terá que executar atividades para reduzir esse risco: verificar o melhor horário de chegada junto ao presidente da empresa, reservar o hotel, reservar restaurante para jantar. Isso demanda esforço, gasta tempo e recurso para ser feito. Isso **impacta** no **prazo** e no **custo** do seu projeto. Por isso, deve ser **pensado antes**.

LINHA DO TEMPO

A ideia da linha do tempo do PM Canvas não é fornecer um prazo, mas sim dar uma ideia da relação de precedência entre as principais entregas e uma relação de duração entre elas.

Para isso, o quadro da linha do tempo é dividido em quatro partes no lado direito. Para cada entrega, que deve estar disposta no PM Canvas na vertical, uma abaixo da outra, marque à direita a quantidade relativa de tempo necessária para realizá-la.

Exemplo da linha do tempo para Casa de Campo:

FIQUE ESPERTO!

Não estamos construindo um cronograma! Estamos apenas analisando a viabilidade de prazos em linhas gerais, comparando as durações das principais entregas e a ordem em que devem ocorrer!

ENTREGAS	LINHA DO TEMPO
1. Gerenciamento do projeto	
2. Desenho arquitetônico	
3. Desenhos complementares	
4. Obra civil	
5. Obra elétrica	
6. Obra hidráulica	
7. Acabamentos internos	
8. Acabamentos externos	
9. Marcenaria	
10. Decoração	

CUSTO

NA REAL

Pense em um carro popular. Um carro zero km, com ar-condicionado e trava elétrica. Independentemente da marca, cerca de quantos reais eu teria que gastar, nos dias de hoje (2016), para comprar um?

Já fiz essa pergunta diversas vezes aos meus alunos e a resposta invariavelmente é: na faixa dos 30 mil reais.

Veja que eu quase não forneci dado nenhum, mas temos informações de mercado para dar uma primeira estimativa de alto nível. Essa é a ideia da seção de custos. Se desejar, você pode fazer uma estimativa por entrega.

Veja o exemplo do Congresso de Gestão Descomplicada:

1. Gerenciamento do projeto	- R$4.000
2. Palestras	- R$20.000
3. Divulgação	- R$8.000
4. Apoio e Infraestrutura	- R$65.000
5. Material para o evento	- R$10.000
6. Logística	- R$5.000
7. Inscrições e credenciamento	- R$6.000
8. Recursos financeiros (patrocínio)	+ R$30.000
Total	- R$88.000

 **RESULTADO** O resultado da iniciação formal — ou abertura formal — do seu projeto é:

> • *Todos (ou pelo menos os principais) stakeholders sabendo que ele começou*
> • *As principais informações sobre ele até o momento: do que se trata, por que existe, quem está envolvido, o que será feito, qual a ordem de grandeza de prazo e custo*
> • *Quem é o responsável por conduzir*

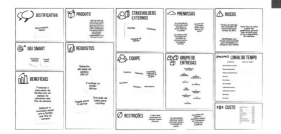

Essas informações podem ser apresentadas de várias formas. Sugiro fortemente um encontro face a face com pelo menos os stakeholders principais, aqueles mais importantes, mas o registro é absolutamente necessário também.

Nesse caso, você pode deixar registradas as informações importantes em um e-mail, em um documento gerado a partir de um template ou em um Canvas, como mostramos. O que importa é:

> • *Ter um registro*
> • *Que o registro seja feito com um nível de esforço adequado para ser útil e gerar maior valor nessa etapa do projeto*
> • *Deve ser guardado em um local que depois você consiga recuperar facilmente!*

Vamos agora falar de algumas pessoas importantes.

Capítulo 4 - Identifique aqueles que impactam seu projeto

 **NA REAL**

Certa vez, a rede da prefeitura de uma cidade ficou completamente fora do ar. Descobriram que os cabos foram cortados. Quem faria uma coisa dessas? Como, já que os cabos eram subterrâneos?! Então, começaram a investigar. Descobriram que, na época da canalização do rio que passava dentro da cidade, eles não tinham envolvido a área de Controle de Zoonoses. Essa área, dentre outras coisas, tem a responsabilidade de controlar a população de ratos. Os ratos, que tinham o habitat natural no rio, acabaram subindo pela tubulação até o centro da cidade, onde ficavam os cabos da rede da prefeitura, e roeram os fios. Tem mais: os ratos eram tão grandes, que tinham o tamanho de cachorros de pequeno porte!

A área de Controle de Zoonoses era um stakeholder, cujo seu envolvimento com o projeto de recuperação do rio era muito importante!

NA REAL

Uma multinacional que fabrica de tudo — sorvete, sabonete etc. — estava com um problema há muitos anos. Algumas embalagens de pasta de dentes estavam indo para os mercados sem os tubos dentro. Contrataram engenheiros e desenvolveram uma solução em três meses, que custou alguns milhões: um programa de computador acoplado à esteira de aço com uma balança ultrassensível. Quando passava uma embalagem vazia, acusava diferença de peso, o sistema parava, um braço hidráulico empurrava a embalagem para fora da esteira. Após algum tempo, os relatórios não apontavam nenhuma embalagem vazia, tudo funcionando. Ao verificar o sistema, porém, havia dois meses que estava desligado. Nenhum gerente e supervisor sabia o que tinha acontecido. Quando perguntaram aos operários, eles disseram que haviam desligado o sistema. Por quê? "Porque era muito complexo, toda hora parava! Então, resolvemos do nosso jeito!". Quando se verificou o "jeito" dos operários, descobriu-se que eles haviam juntado algum dinheiro e comprado um ventilador superpotente. Colocaram o ventilador de frente para a esteira por onde as embalagens passavam. Quando passava uma embalagem vazia, o ventilador cuidava de soprá-la para fora da esteira!

Nesse caso, os operários da fábrica, os mais indicados para avaliar a solução dada pelos engenheiros, deveriam ter sido envolvidos para ajudar a compor os requisitos do projeto!

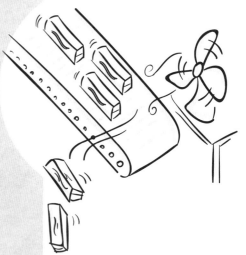

VEJA BEM!

*Como já foi explicado, a identificação dos stakeholders começa no início do projeto, **antes mesmo da abertura formal**, e pode continuar até o encerramento. O ideal seria tentar identificar **todos** logo no início, o que é muito difícil. Neste livro, o capítulo sobre identificação dos stakeholders está sendo apresentado depois do capítulo sobre a abertura do projeto porque achei mais didático apresentar **antes** a lógica de um projeto, de forma resumida, usando o PM Canvas.*

POR QUÊ?

Os exemplos contados mostram como o envolvimento de alguns stakeholders pode ser fundamental para seu projeto. Conhecer quem são, qual o seu grau de autoridade, influência e interesse é importante para escolher a solução correta para o projeto, reduzir desperdícios e retrabalhos.

Como o projeto significa mudança, é necessário que o gerente de projetos tenha capacidade de lidar com aspectos humanos e comportamentais envolvidos com a mudança. O benefício de qualquer iniciativa nova implantada nas organizações não se dá apenas pela implementação técnica, mas também pelo seu pleno uso. Para que esse objetivo seja atingido, é necessário trabalhar também as pessoas envolvidas com a mudança[10].

Além do gerente de projetos, em qualquer processo de mudança é fundamental e crítica a existência de um patrocinador, também conhecido como sponsor, que dá legitimidade à mudança. Não existe mudança bem-sucedida sem patrocinador, pois é ele quem fornece recursos, financeiros ou não, para o projeto. Ele, constante e visivelmente, apoia o projeto e garante a continuidade de sua execução.

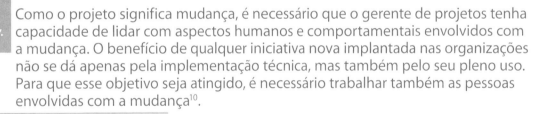

[10] SILVA, Fabiana Bigão. PM Story. E-book. 2014. Disponível em: http://www.accretio.com.br/pmstory.

As pessoas e as organizações que estão envolvidas no projeto ou cujos interesses possam ser afetados de forma positiva ou negativa com o resultado da execução ou conclusão do projeto são chamadas de envolvidos, interessados ou **stakeholders**. Elas normalmente exercem grande influência sobre o projeto e seus resultados.

Quais são os exemplos dessas influências que os stakeholders podem exercer?

- Fornecer os requisitos do projeto.
- Ajudar a desenvolver a melhor solução.
- Determinar restrições.
- Garantir que premissas sejam verdadeiras.
- Fornecer recursos para o projeto.
- Aprovar ou recusar o projeto.

Como os stakeholders podem ser influenciados pelo projeto?

São beneficiados com o resultado do projeto: pessoas que passarão a ter suas tarefas automatizadas, pessoas que terão feito um bom trabalho ao entregar o projeto, pessoas que aprovaram o projeto e podem ficar com boa imagem perante outros etc.

São prejudicados com o projeto: pessoas, cujas atividades podem se tornar desnecessárias após a implantação do projeto.

Todos esses podem ser apoiadores ou opositores. Cada um desses pode ter um nível de influência alto ou baixo no projeto.

Além disso, um esforço extra ocorre quando os interesses dos stakeholders são conflitantes. Os interesses devem ser alinhados e os conflitos resolvidos para não atrapalhar a condução do projeto. Nesse caso, capacidades extras de negociação são muito bem-vindas.

Dessa forma, faz parte das responsabilidades do gerente de projetos procurar identificar os envolvidos, seus interesses e gerenciá-los, de forma a garantir que o projeto possa ser conduzido em direção ao sucesso, com a ajuda dessas influências ou apesar delas!

  Para identificar os stakeholders, comece se perguntando: quem são os principais impactados? Partindo desse ponto, já temos o patrocinador (sponsor) e o cliente (demandante).

Dentro do cliente (ou da área-cliente), vários perfis de stakeholders podem ser identificados:

DEMANDANTE
Quem vai fornecer requisitos para o projeto

PATROCINADOR
Quem vai pagar pelo projeto

CLIENTE

GERENTE DO PROJETO
Quem vai ser o gerente do projeto da parte do cliente

ESPERANÇOSO
Quem acha que vai ser beneficiado com os resultados do projeto, seja porque vai melhorar seu trabalho ou ser promovido

USUÁRIO
Quem vai usar diretamente o produto ou resultados do projeto

RESPONSÁVEL PELO PRODUTO
Quem vai tomar conta do resultado do projeto depois que ficar pronto

MEDROSO
Quem pode achar que vai perder o emprego depois que o resultado do projeto for implantado

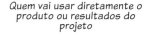

Pense também dentro da sua área ou organização. A estrutura em que o projeto está inserido é matricial? Em caso afirmativo, o gerente funcional de cada pessoa da equipe do projeto vai ser impactado e vai impactar o projeto. A empresa em que você trabalha tem um escritório de projetos (PMO)? Se tiver, deve influenciar a forma com que você vai gerenciar o projeto. Existem fornecedores que já estão pré-qualificados a participar? A área de qualidade da sua empresa vai fazer auditorias no projeto? Se a resposta for sim, insira a área e as pessoas correspondentes na lista de stakeholders.

Não pare, todavia, por aí. Para expandir a lista, pergunte aos stakeholders já identificados sobre quem mais pode influenciar ou ser influenciado pelo projeto.

Conforme foi destacado na iniciação do projeto, os stakeholders também estão associados às **premissas**, às suposições acerca do projeto. Nós contamos com que as premissas permanecerão verdadeiras. Logo, na medida do possível, é muito importante que os stakeholders conheçam as premissas associadas a eles e se comprometam com elas! Nós dependemos disso!

Partir das premissas do projeto também é uma boa dica para verificar se você não está esquecendo nenhum stakeholder. Pessoas e órgãos externos a esse ambiente do projeto já citado (cliente e fornecedores) devem ser considerados. Por exemplo, órgãos regulamentadores, governo, fatores climáticos etc.

AGILE

No Scrum, um dos métodos ágeis mais populares, existe um papel denominado Product Owner, que representa todos os stakeholders. Em tese, ele se comunica constantemente com eles e consegue detalhar seus requisitos, expectativas, restrições. No início de um projeto ágil, o Product Owner é responsável por apresentar ao Time a visão do projeto e os requisitos priorizados para maximizar os benefícios de negócio.

Logo, não existe essa discussão associada à identificação de stakeholders no Scrum.

EXEMPLO DE EQUIPE E STAKEHOLDERS EM UMA EMPRESA DE ESTRUTURA MATRICIAL

MERCADO

GOVERNO (LEIS)

ÓRGÃOS REGULAMENTADORES (REGRAS E PADRÕES)

CONCORRENTES

FORNECEDORES

CLIENTES

FATORES CLIMÁTICOS

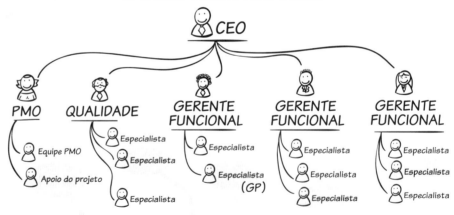

Mesmo fazendo parte de gerências diferentes, fazem parte da mesma equipe do projeto

FERRAMENTAS

Da seção "Como", já saímos com a lista e os contatos dos stakeholders, aqueles que merecem atenção. O problema é que essa lista pode ser muito grande. Como gerenciar todos eles durante o projeto? É impossível agir da mesma forma com todos. Por exemplo, existem alguns que tomam muita energia do projeto porque precisam de informações detalhadas e frequentes, mas eles não são tão importantes. Existem também outros que são muito importantes e não podemos, de forma alguma, deixar de atendê-los, mas que precisam de informações superconcisas e relevantes, na forma de infográficos! Como faço para separar essas pessoas?

Uma estratégia simplificada para lidar com isso é classificá-las. Use um critério para agrupá-las por importância e depois defina formas de gerenciar essas pessoas.

Em primeiro lugar, pense: quais são os critérios relevantes para classificar os stakeholders? Minha sugestão é não ter mais do que dois critérios, senão o nível de complexidade pode ultrapassar o de utilidade. Veja a sugestão do gráfico de poder/influência[11] :

---

[11] Adaptado de PMI — PROJECT MANAGEMENT INSTITUTE. Guide to the Project Management Body of Knowledge (Guide to the PMBoK®). Quinta Edição. Newton Square, PA, EUA: 2012.

O poder aqui não é necessariamente dentro da empresa. Diz respeito ao poder ou autoridade que a pessoa tem no projeto. Usei a palavra influência, que pode significar o interesse (positivo ou negativo) que a pessoa tem no projeto. Poderíamos usar vários outros critérios, mas fico com esses dois, que considero mais relevantes.

 DICA

Se no seu contexto existem critérios mais importantes para classificar os stakeholders, adapte esse exemplo para a sua realidade.

O posicionamento em cada quadrante indica o nível de poder (baixo ou alto) e o nível de influência (negativa ou positiva) que a pessoa tem no projeto.

Na maioria das referências sobre o assunto, os nomes dos stakeholders são colocados em cada quadrante do gráfico. Se, porém, houver muitos stakeholders a serem avaliados, ficará ruim a visualização!

Qual seria a utilidade disso então? Ter um termômetro a respeito do volume de pessoas em uma região (quadrante), o que pode dar uma ideia da dificuldade para gerenciar as expectativas e planejar as comunicações junto a esse pessoal.

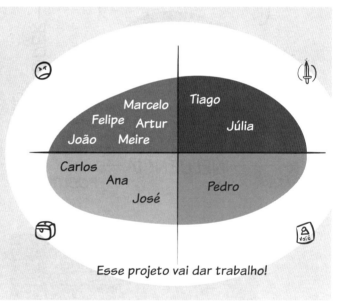

Esse projeto vai dar trabalho!

DICA

Gosto de classificar as pessoas sempre comparando o poder e a influência relativos entre elas. Para fazer o julgamento, procure pedir ajuda de quem as conhece. Nunca deixe de pedir opinião a mais de uma pessoa, que tenha interfaces diferentes com o stakeholder. Isso reduz a possibilidade de avaliações distorcidas.

RESULTADO

O resultado da identificação dos stakeholders é uma lista de todos os stakeholders e informações sobre eles. Nesse ponto, defendo que as informações devem ser no menor número possível e que possam ter alguma utilidade para você no futuro.

Essa lista vai servir para planejar como gerenciar essas pessoas, de forma a fazer o projeto fluir. Por exemplo, pessoas do grupo Cabos Eleitorais ficariam satisfeitas apenas com um infográfico mensal com informações de entregas e prazos. Essa necessidade, porém, deve ser analisada com cuidado em um segundo momento.

Como já destacado, o gráfico de poder/influência é interessante porque nos ajuda a classificar, de forma simplificada, os stakeholders, de acordo com critérios objetivos, e nos possibilita visualizar em linhas gerais onde estão localizados os stakeholders.

Em termos práticos, uma sugestão é, na mesma ferramenta usada para registrar os nomes e os contatos dos stakeholders, inserir informações sobre Poder, Influência e Importância, que consiste no posicionamento do stakeholder no quadrante do gráfico de poder/influência.

STAKEHOLDER	E-MAIL	TELEFONE	PODER	INFLUÊNCIA	IMPORTÂNCIA
Primeiro	primeiro@email.com	9998-9998	+	+	GLADIADORES
Segundo	segundo@email.com	9898-8989	+	-	PERIGOSOS
Terceiro	terceiro@email.com	9988-8899	-	-	MALAS SEM ALÇA
Quarto	quarto@email.com	9888-8889	-	+	CABOS ELEITORAIS

Para facilitar a visualização e ajudar a determinar o que fazer em relação a essas pessoas, agrupe e organize a lista pelos stakeholders com a mesma importância.

*1. Insira os stakeholders de poder alto e influência positiva na parte superior. Esses são seus **gladiadores**. Eles estão com você e podem ajudar a defender seu projeto.*

*2. Em segundo lugar, priorize os stakeholders com poder alto e influência negativa. Esses são **perigosos**, pois têm poder, mas, por algum motivo, não gostam do projeto. Você deve pensar em esforços para movê-los para o lado direito do gráfico ou, pelo menos, torná-los neutros.*

*3. Em terceiro lugar, posicione os que têm baixo poder e influência negativa. Esses são os "**malas sem alça**". Pense com cuidado para gastar um tempo adequado com eles. Eles vão tentar gastar seu tempo, mas têm poder baixo dentro do projeto.*

*4. A menor prioridade deve ser dada àqueles que têm baixo poder e influência positiva. Esses são seus **cabos eleitorais**. Também estão com o projeto, farão propaganda positiva dele, mas têm pouca autoridade.*

FIQUE ESPERTO!

O poder e a influência de uma pessoa pode mudar o tempo todo ao longo do projeto. Logo, fique ligado na sua lista e a mantenha sempre atualizada!

NA REAL

Certa vez, eu era gerente de um projeto estratégico de uma empresa e contava com um analista muito experiente nesse projeto. Acontece que ele não estava diretamente subordinado a mim, mas sim a outro gerente funcional. Esse novo arranjo prejudicou muito esse gerente funcional. Não fui eu que tirei o analista da área dele para vir trabalhar comigo. Ele foi designado pelo diretor, pois era o único especialista para trabalhar no projeto. O gerente funcional, porém, queria me matar por isso. Em toda oportunidade que ele tinha, fazia coisas para dificultar o trabalho do analista no projeto. A situação estava ficando insustentável, até que um dia, no café, tive que adotar uma estratégia junto a ele. Expliquei que eu não queria aquela situação, que não fui eu quem pediu para que o analista trabalhasse no projeto e que entendia o problema dele. Para apaziguar a situação, analisamos em conjunto o cronograma do projeto. Comprometi-me a liberar o analista em alguns dias importantes para ele, depois de ver que isso não impactaria o projeto.

Não resolvi o problema dele, mas certamente evitei muitos problemas para o projeto. Posso não ter criado um aliado, mas certamente tirei uma pessoa do status de Perigoso para Neutro.

PARTE 2: PLANO

A única vantagem da falta de planejamento é que o fracasso vem como uma surpresa no final, não existe sofrimento prévio

Capítulo 5 - Planeje na medida certa

Antes de mais nada, alguns avisos. Não se atreva a detalhar em minúcias aquilo que você não conhece. Se sabe pouco, registre apenas o que sabe, priorize e planeje detalhadamente só a parte mais importante, aquela que vai desenvolver primeiro. Deixe para detalhar o restante à medida que o projeto se desenvolva. Com certeza, as informações virão.

O ambiente do projeto é complexo? Não conhece o cenário, as ferramentas, nunca trabalhou com as pessoas? Não se aflija: "Uma jornada de mil milhas começa com um passo na direção certa[12]".

> 12 Frase de desconhecido.

Quando começo a planejar um projeto com o qual nunca tive experiência antes, é como se eu estivesse viajando à noite de carro para outra cidade. Sei quantos quilômetros tem o caminho (tamanho) e tenho uma estimativa do tempo que gastarei de carro (prazo). Tenho uma ideia da estrada, uma noção de alto nível de quais cidades passarei e em que ordem. Não sei, porém, em detalhes, cada pedaço da estrada, se o asfalto estará em boas condições, se estará bem movimentada ou onde haverá buracos no asfalto. O farol do carro me permite visualizar apenas uns 20 metros à frente e é só esse pedaço de estrada que conhecerei em detalhes, quando meu farol iluminar. Posso gastar uma ou duas horas a mais, dependendo das condições do carro, se começar a chover ou se houver acidente na estrada.

Explicarei todo o desenvolvimento do projeto com base nessa mesma essência. Essa abordagem é chamada pela literatura de **ITERATIVA E INCREMENTAL**.

ITERATIVA porque é desenvolvida por **repetições**, várias etapas. É diferente da palavra **interativa** (com n), que diz respeito a **comunicar nos dois sentidos**, interagir.

INCREMENTAL porque a cada iteração são desenvolvidos incrementos, **pequenos acréscimos** do resultado do projeto.

Capítulo 6 - Escopo: Vai entregar o quê?

 NA REAL

"Certa vez, um senhor que vivia na roça estava doente e foi consultar um médico. Ao chegar no consultório, o médico começou a fazer perguntas, pois precisava saber os sintomas, de forma a identificar a doença e tratar o paciente corretamente. Então, o médico perguntou:
— O que o senhor tem?
— Bem, dotô, eu tenho uma muié, uma vaca e uma galinha.
— Não... Eu não quero saber o que o senhor possui! Eu quero saber o que o senhor está sentindo!
— Ah bom! Eu tô sentindo vontade de matá minha muié, vendê minha vaca e comê minha galinha com piqui![13]"

Moral da história: para saber o que fazer no projeto, precisamos antes saber fazer as perguntas certas para identificar os requisitos. A questão é que, muitas vezes, essa é uma tarefa difícil!

[13] *Piada popular de autor desconhecido*

ANTES DO ESCOPO, OS REQUISITOS. O QUE O CLIENTE QUER?

 **POR QUÊ?** Não há como determinar o que deve ser feito no projeto, sem antes detalhar o que o cliente deseja. É simplesmente inconcebível.

Especificar as necessidades do cliente é o mesmo que levantar os requisitos.

Algo absolutamente relevante que não podemos esquecer é que os requisitos são as necessidades do cliente, estão na cabeça dele. O escopo, que veremos a seguir, consiste nas entregas que a equipe vai construir para atender aos requisitos.

Talvez, você já tenha tido a experiência e percebido como é difícil compreender exatamente os requisitos que estão na cabeça do cliente e desenvolver um produto (ou resultado) do projeto que atenda a esses requisitos. Uma prática importantíssima para minimizar mal-entendidos é validar a documentação dos requisitos com o cliente e obter o aceite dele. Isso é importante porque testa e valida o entendimento que a equipe teve a respeito dos requisitos e permite fazer alterações, antes de dedicar maiores esforços para desenvolver algo que o cliente pode rejeitar no futuro.

#1 - Clientes explicam seus requisitos

#2 - Líder do projeto ou analista de negócios registra requisitos

#3 - Clientes devem validar os registros feitos acerca dos requisitos. Se houver falhas de entendimento, retornar ao responsável no projeto até a aprovação.

 COMO? Qual é a melhor forma de levantar os requisitos do projeto? Depende:

- De quantas pessoas estamos falando — aquelas capazes de nos descrever os requisitos?
- Todos sabem sobre o mesmo assunto ou é possível dividir os assuntos?
- Eles têm disponibilidade para conversar?
- Onde estão localizados?
- Gostam de falar?
- Conseguem concatenar palavras de forma a construir frases inteligíveis?
- Existe tecnologia para conversas via conferência?
- Eles estão acostumados com as tecnologias?
- Qual é a disponibilidade de tempo que o projeto possui para coletar todos os requisitos?
- Existe algum padrão para registro dos requisitos?

Dependendo do cenário, você pode escolher entre distribuir questionários, fazer reuniões para entrevistas individuais ou em grupo, criar protótipos etc.

É muito difícil dar uma receita de bolo para o processo de levantar e registrar os requisitos do projeto. De forma prática, é sempre bom começar com uma visão geral acerca do que o cliente precisa. Se uma ferramenta como o PM Canvas foi usada na iniciação do projeto, então pode ser que você já tenha essa noção.

A partir daí, procure dividir por assuntos e conversar com quem mais entende de cada assunto. Não poupe reuniões presenciais! Elas são "caras", demandam esforço para marcar, definir pauta, preparar perguntas, conduzir, elaborar e aprovar ata, mas economizam muito esforço futuro, minimizando solicitações de mudança. Conversando com as pessoas, nós conseguimos entender o que elas querem de verdade e, principalmente, **porque** estão com essas necessidades. Muitas vezes, soluções mais inteligentes e simplificadas surgem pelo simples fato de termos compreendido as necessidades de forma melhor.

Além disso, existem situações em que a equipe que vai desenvolver o projeto ajuda o cliente a definir seus requisitos. Por exemplo, tenho colegas tão experientes com os projetos que desenvolvem e implantam para seus respectivos clientes, que, muitas vezes eles os ajudam a determinar o que precisam, pois são especialistas no mesmo tipo de projeto. Esse é o caso de consultores para implantação de sistemas de gestão, por exemplo.

FERRAMENTAS CHECK-LIST

Uma das ferramentas mais espetaculares usadas para ajudar a levantar os requisitos de um projeto é o check-list. Espetacular porque é simples e eficiente. Um check-list nada mais é do que uma série de perguntas preestabelecidas sobre itens que devem ser verificados. Hoje em dia, é usado amplamente por médicos em hospitais, pilotos de aviões, engenheiros ou por qualquer pessoa que precise administrar uma quantidade gigantesca de pequenas informações e ações, em grande parte ações simples. Muitas vezes, os check-lists são formados por itens óbvios, mas a quantidade de itens é tão grande que não podemos apenas confiar na memória. Precisamos contar com a falibilidade da memória. Em muitos casos, algumas omissões podem causar retrabalhos, grandes desperdícios e até mesmo a morte (em casos de pilotos e médicos)[14]. Dessa forma, elaboramos check-lists, antes de levantar os requisitos, para nos ajudar a lembrar de todas as perguntas. A economia de tempo na etapa de levantamento de requisitos é impressionante, quando estamos respaldados por um check-list bem estruturado.

> [14] GAWANDE, Atul. Check-list: como fazer as coisas benfeitas. Rio de Janeiro: Sextante, 2011.

EXEMPLO SIMPLIFICADO — CHECK-LIST CONGRESSO GESTÃO DESCOMPLICADA

- Por que esse evento está sendo feito?
- Qual é o ponto forte que o evento quer mostrar?
- Quantas pessoas são esperadas?
- Qual é o perfil do público?
- Já existe local pré-definido?
- Existe local de preferência?
- Já existe data pré-definida?
- Esse Congresso já foi realizado antes? Quantas vezes?
- Existe documentação dos eventos passados?
- Qual foi o público passado? Existe base de contatos?
- Qual o orçamento do Congresso?
- Quanto é esperado de patrocínio?
- Já existem patrocinadores?
- Quais formatos de patrocínio?
- Existe espaço para stands? Quantos?
- Quantos keynotes são esperados?
- Quantas palestras paralelas?
- Qual é a necessidade de infraestrutura?
- Alguma observação em relação à divulgação do evento?
- Costumam trabalhar com voluntários? Quantos?
- Coffee-breaks incluídos no evento? Quais horários?
- Almoço incluído no evento? Qual horário?
- Restrição quanto a brindes de palestrantes?
- Alguma observação quanto à pasta e crachá do congressista?

PRIORIZAÇÃO

Como já foi destacado, é possível que o demandante não consiga responder a todas as perguntas no momento do levantamento de requisitos. Algumas questões podem ter respostas somente em uma etapa mais adiantada do projeto. Tudo bem. Deixe registrada a possível data em que as dúvidas serão solucionadas e coloque esse requisito com uma prioridade mais baixa.

Mesmo que todos os requisitos fiquem bem levantados e registrados, uma abordagem absolutamente pertinente é a priorização. Por quê? Porque o ambiente pode mudar, o tempo de conclusão do projeto pode ser reduzido devido a algum fator externo sobre o qual não temos controle, o orçamento pode ser consumido por algo não previsto, entre outros. Se garantirmos que vamos desenvolver os requisitos mais prioritários primeiro, então entregaremos mais benefício, mais valor primeiro.

PRINCE2

[15] IIBA. Um guia para o corpo de conhecimento de análise de negócios (Guia BABOK) Versão 2.0. Toronto, Canada: International Institute of Business Analysis, 2011, p. 108.

Uma técnica de priorização sugerida é a análise MoSCoW, mas você pode adaptá-la e usar os critérios que forem mais úteis para seu projeto. A análise MoSCoW é recomendada para uso na metodologia Prince2® e divide requisitos em quatro categorias, Deve (Must), Deveria (Should), Poderia (Could) e Não irá (Won't), descritas a seguir[15]:

Deve: Descreve um requisito que deve ser atendido na solução final para que a mesma seja considerada um sucesso.

Deveria: Representa um item de alta prioridade que deveria ser incluído na solução, caso possível. Trata-se frequentemente de um requisito crítico, que pode ser atendido de outras formas, se for estritamente necessário.

Poderia: Descreve um requisito que é considerado desejável, mas não necessário, e que será incluído, caso o tempo e os recursos permitam.

Não irá: Representa um requisito que as partes interessadas concordaram em não implementar em uma determinada entrega, mas que pode ser considerado no futuro.

Dessa forma, ao ter a lista de requisitos formalizada, especifique, em um campo ao lado do requisito, se ele é M, S, C ou W. Os requisitos do tipo M (Must) devem ser incluídos no projeto. Qualquer outro critério pertinente pode ser usado para priorizar os requisitos. Por exemplo, os requisitos Must podem ser priorizados entre si para determinar quais deles devem ser desenvolvidos antes. Dentre os critérios válidos, podemos citar:
- Valor para o negócio (ou benefício)
- Tamanho do requisito (complexidade)
- Urgência
- Risco

Podemos, por exemplo, atribuir uma escala de 1 a 3 para pontuar cada critério usado para priorizar os requisitos.

Veja o exemplo de priorização dos requisitos para o projeto da Casa de Campo. Neste caso, a priorização foi dada pela fórmula: (Benefício * Urgência) / (Complexidade * Risco). Ou seja, quanto maior o Benefício e maior a Urgência do requisito, maior a sua prioridade. Quanto maior a sua Complexidade e maior seu Risco, menor é a prioridade.

EXEMPLO DE PRIORIZAÇÃO DE REQUISITOS

	Benefícios	Urgência	Complexidade	Risco	Prioridade
1. Entrada da casa para cozinha	3	3	1	1	9
2. Arquitetura da cozinha que conecte o cozinheiro com convidados	3	3	1	1	9
3. Mesa grande na cozinha	3	2	1	1	6
4. Tamanho da casa de campo: 250m²	3	2	1	1	6
5. 4 suítes no andar térreo	2	3	1	1	6
6. Hidromassagem para 8 pessoas à frente da mesa da cozinha	3	2	1	1	6
7. Hidromassagem no espaço aberto com vista para serra	3	2	1	1	6
8. Home theater ao lado da cozinha	2	2	1	1	4
9. Possibilidade de interligar ambiente do home theater com cozinha	2	2	1	1	4
10. Vista do home theater para montanhas	2	2	1	1	4
11. Vagas para 6 carros	2	1	2	2	0,5

 O levantamento de requisitos do projeto pode ser apresentado de várias formas. Na Engenharia Civil, muitas vezes, está na forma do projeto arquitetônico e memorial descritivo da obra. No desenvolvimento de software, é representado por meio de vários diagramas. O diagrama de casos de uso é um dos mais populares.

Muitas vezes, o resultado do levantamento dos requisitos consiste em uma lista estruturada, dividida por assuntos, com os requisitos listados e ordenados segundo sua prioridade.

RASTREABILIDADE – REGISTRE OS IMPACTOS

Imagine, no exemplo da casa de campo, se eu desistisse do home theater ao lado da cozinha e decidisse usar o espaço inteiro para uma ampla cozinha, com o sistema de TV e som dentro desse espaço amplo? O requisito de número 8 seria eliminado da lista, não é mesmo? Da mesma forma, os requisitos 9 e 10 seriam impactados, pois também dizem respeito ao home theater.

A rastreabilidade entre requisitos serve para isso. Se alguma mudança acontecer em algum requisito, quais outros serão impactados? Isso é importantíssimo para estimarmos os impactos das futuras mudanças que podem acontecer no projeto!

Dessa forma, se você tiver condições de fornecer informações sobre a rastreabilidade entre os requisitos, terá dado um grande passo em relação à maturidade da gestão do projeto. Você pode conseguir gerenciar um projeto sem rastreabilidade, mas vai sofrer um pouco quando tiver que implementar mudanças.

 **VEJA BEM!**

Se você é daquelas pessoas que acham que seu projeto não terá muitas mudanças, então, você tem mais esperanças que experiências.

Considerando então as informações sobre rastreabilidade, um exemplo simplificado do resultado do levantamento de requisitos poderia ser dado por uma lista, onde, para cada requisito, teríamos a informação sobre quais requisitos ele impacta. Também poderíamos dar a informação inversa: esse requisito é impactado por quais outros?

É importante salientar que levantar essas informações é algo custoso, mas traz grandes ganhos no momento das mudanças. O exemplo foi dado aqui em planilha apenas para fins didáticos. É sugerido que seja usado algum software para controlar essa rastreabilidade entre requisitos para que essa questão fique mais gerenciável.

Se essa questão de rastreabilidade foi demais para você, deixe para um segundo momento. O que não pode deixar de ser feito de jeito nenhum é a formalização dos requisitos e a priorização entre eles!

EXEMPLO DE RASTREABILIDADE DE REQUISITOS

	Prioridade	Impacta	Impactado por
1. Entrada da casa para cozinha	9	2	
2. Arquitetura da cozinha que conecte o cozinheiro com convidados	9	3	1
3. Mesa grande na cozinha	9		2
4. Tamanho da casa de campo: 250m^2	6		
5. 4 suítes no andar térreo	6		
6. Hidromassagem para 8 pessoas à frente da mesa da cozinha	6	7	
7. Hidromassagem no espaço aberto com vista para serra	6		6
8. Home theater ao lado da cozinha	4	9, 10	
9. Possibilidade de interligar ambiente do home theater com cozinha	4		8
10. Vista do home theater para montanhas	4		8
11. Vagas para 6 carros	0,5		

VEJA BEM!

Lembre-se de que estamos planejando o projeto de maneira iterativa e incremental. Dessa forma, se você está lidando com requisitos que estão no topo da lista, então, eles deverão estar no maior nível de detalhe possível.

Existem muitos requisitos relacionados a "funcionalidades" que o resultado do projeto deve apresentar. Por exemplo, o Congresso de Gestão Descomplicada deve oferecer três palestras paralelas aos participantes e dois coffee-breaks devem ser oferecidos nos intervalos da manhã e da tarde.

Outros requisitos dizem respeito ao grau de qualidade. Por exemplo, cada coffee-break deve oferecer, além de café e água, suco natural, três tipos de sanduíche e dois tipos de bolo. Neste exemplo, o grau de qualidade do coffee-break está sendo determinado. É um tipo de requisito diferente e relevante, pois impacta nas entregas, no esforço e no custo do projeto.

VEJA BEM!

O levantamento e o detalhamento de requisitos normalmente são feitos por pessoas com uma função denominada analista de negócios. Via de regra, o **analista de negócios** *conhece os problemas e necessidades do cliente e tem o background da equipe do projeto para fazer bem a interface entre os dois mundos.*

AGILE

No Scrum, o Product Owner faz o papel de analista de negócios. Ele é responsável por criar a lista de requisitos dos usuários. Essa lista deve estar priorizada, de forma que os requisitos do topo estejam descritos em mais detalhes, pois serão tratados primeiro.

Durante todo o ciclo de vida do projeto, o Product Owner deve manter essa lista, que é única e mantida apenas por ele, detalhando itens mais prioritários e revendo as priorizações.

ESPECIFIQUE AS ENTREGAS – O QUE O PROJETO VAI FAZER?

POR QUÊ? Depois de determinar o que o cliente quer, é hora de determinar o que deve ser feito. Quais são as entregas que a equipe deve fazer?

Como foi ressaltado anteriormente, **os requisitos são as necessidades do cliente**. O **escopo** consiste nas **entregas** que a equipe vai construir para atender aos requisitos. Sem determinar o escopo, ou seja, o que vai ser feito, não é possível planejar o restante do projeto em termos de recursos necessários, prazos, custos, dentre outros pontos importantes.

Mesmo que os requisitos não sejam especificados em detalhes, é possível ter uma visão geral do que deve ser feito. Ou seja, podemos especificar grandes entregas.

Por exemplo, no projeto da casa de campo, sabemos que, além das entregas relacionadas à gestão do projeto, temos entregas relacionadas a desenhos técnicos, compras de materiais, execução da obra e finalização. Se, todavia, ficarmos apenas nessas entregas grandes demais, será mais complicado estimar quantos e quais tipos de profissionais serão necessários para produzi-las, qual esforço será necessário, quanto tempo vai demorar para produzir.

Por isso, é importante decompor as entregas em "pedaços" menores. Quanto menores forem as entregas, mais fácil será fazer essas estimativas. Como será visto adiante, a Estrutura Analítica do Projeto (EAP) é uma ferramenta que organiza as entregas do projeto em uma estrutura hierárquica parecida com um organograma, mostrando todas as entregas do projeto, decompostas em entregas menores.

VEJA BEM!

Da mesma forma que mencionamos em relação aos requisitos, lembre-se que estamos planejando o projeto de maneira iterativa e incremental. Assim, as entregas podem ser decompostas em níveis de detalhes diferentes. Aquelas que serão desenvolvidas primeiro devem estar mais detalhadas para estimarmos melhor prazo e esforço. Em etapas posteriores, com mais informações sobre o projeto, as entregas seguintes poderão ser detalhadas.

Lembre-se de que os requisitos estão priorizados. Leve isso em consideração e procure priorizar as entregas, quando possível, também com base nessas informações!

 **COMO?** A EAP é criada, começando pelo produto ou resultado final do projeto. A partir daí, começamos a decompor este produto ou resultado nas grandes entregas.

Podemos pensar de **duas formas** para começar essa decomposição. A primeira forma é **decompor por fase ou etapas do projeto**. Ou seja, pense no que vai ser gerado ao longo do tempo. Por exemplo, pensando na casa de campo, fica mais fácil pensar nas grandes etapas, na ordem em que elas acontecem: primeiro elaborar os desenhos técnicos da casa; depois que esses desenhos estiverem aprovados, fazer as compras dos materiais; depois, executar as obras; e, por fim, limpar e entregar a casa. Logo, a EAP começa a ter uma forma. É bom lembrar que a entrega referente ao gerenciamento do projeto deve sempre existir, pois, se não houver a gestão, a casa não será entregue corretamente, dentro do orçamento e do prazo, certo?

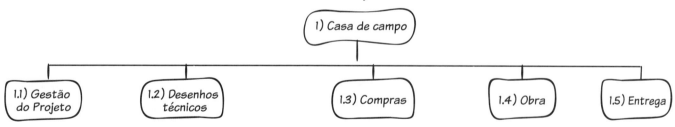

EXEMPLO DE DECOMPOSIÇÃO DA EAP POR FASES

Após essa primeira decomposição, olhamos para cada entrega e procuramos decompô-la em entregas ainda menores.

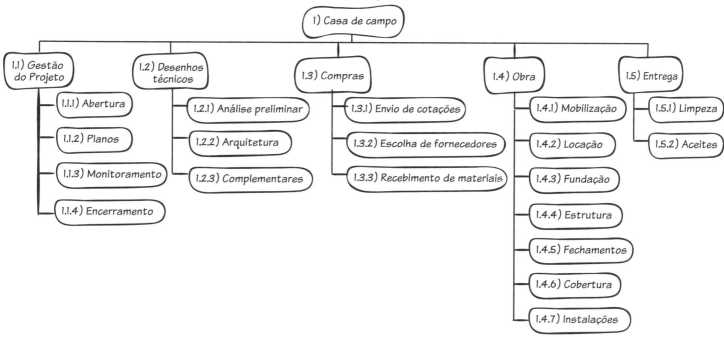

É possível, para cada entrega menor que foi criada, decompor ainda mais? Em caso positivo, continue com a decomposição até que a EAP tenha sido decomposta em um nível de detalhe satisfatório. Discutiremos adiante que nível de detalhe seria este.

DICA

Se existe uma nuvem negra em cima do seu projeto e você não consegue decompor suas entregas em um nível de detalhe como gostaria, faça até onde consegue. Lembre-se de que o detalhe deve ser planejado logo antes de ser desenvolvido, mas, se na fila de prioridades a entrega ainda não tiver que ser feita, então, ela não precisa estar em um nível de detalhamento alto.

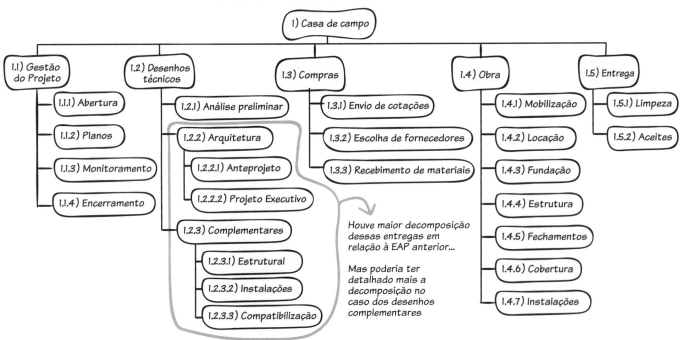

Outra forma de criação da EAP é pensar a **decomposição por áreas ou responsabilidades**. Veja o exemplo do Congresso de Gestão Descomplicada. As entregas não foram decompostas por etapas, mas sim por grandes áreas.

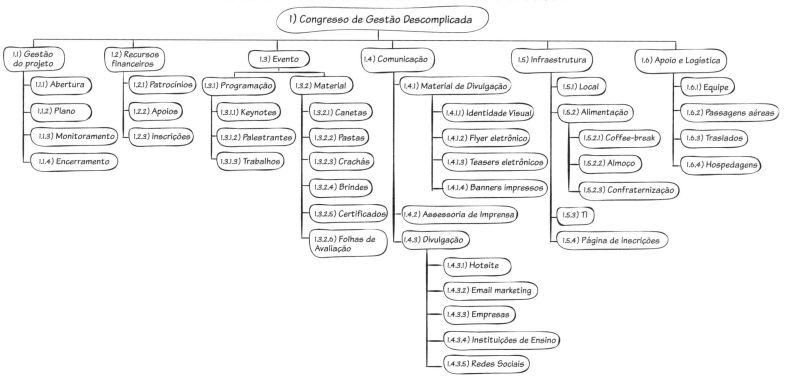

16 PMI — PROJECT MANAGEMENT INSTITUTE. Guide to the Project Management Body of Knowledge (Guide to the PMBoK®). Quinta Edição. Newton Square, PA, EUA: 2012.

A criação da EAP é defendida no Guia PMBOK — Project Management Body of Knowledge[16]. No PMBOK, a entrega de nível mais baixo na EAP, aquela que não pode ser mais decomposta, é denominada de **Pacote de Trabalho.**

Sempre existem dúvidas sobre como decompor e até que ponto decompor a EAP. O que é satisfatório? O que ocorre se não tenho informações detalhadas sobre tudo o que vai ser feito? Qual deve ser o menor tamanho da minha entrega?

Bem, não existe regra, mas existem diretrizes:

• *Quanto menores forem as entregas (mais detalhadas), maior vai ser o número de entregas na sua EAP. Isso pode ser bom e ruim. Uma EAP muito detalhada significa um nível de controle muito grande. Você está disposto e tem disponibilidade para ter esse nível de controle sobre o projeto? Tem ajuda para controlar?*

• *As entregas também devem ser decompostas, de forma que seja possível estimar, mesmo que de forma grosseira, o esforço e os perfis necessários para construí-la. Não consegue detalhar muito? Ok, detalhe até onde é possível. Nesse caso, a estimativa estará baseada em poucos dados e certamente será refinada depois. Deixe isso registrado.*

• *Ao decompor uma entrega, a soma dos "filhos" dela deve representar 100% da entrega. Por exemplo, no caso do Congresso de Gestão Descomplicada, existe uma* entrega denominada Divulgação, que é decomposta em Hotsite, E-mail marketing, Empresas, Instituições de Ensino e Redes Sociais. Esses itens devem corresponder a 100% das formas de divulgação do Congresso, não podendo faltar nenhum.

• Você não deve inserir uma entrega duas vezes em locais diferentes na EAP. Logo, não duplique a mesma entrega, nem faça a ligação da mesma entrega a dois "pais". Uma entrega deve estar subordinada a apenas uma entrega de nível superior.

• Lembre-se de que normalmente somos alocados a projetos semelhantes. Logo, o esforço para elaborar a primeira EAP será grande, mas, para as próximas, poderemos aproveitar as EAPs de projetos similares anteriores.

• Insira nomes bem explicativos nas entregas. Lembre-se de que são entregas e não atividades. Logo, os nomes devem ser escritos na forma de substantivos e não de verbos.

• Certamente, apenas o nome da entrega na EAP vai dizer muito pouco a respeito dela. Se sentir necessidade, tenha um documento ou uma seção à parte para detalhar outras informações sobre ela. Você pode chamar esse documento ou seção de Glossário.

• Já vi muita gente menosprezando as ações de gerenciamento de projeto simplesmente por não as conhecer e não saber o valor que elas têm, muito menos o esforço que elas requerem! Logo, nunca se esqueça de explicitar todos os relatórios, reuniões ou qualquer outra entrega relacionada à gestão do projeto.

• Não possui ferramenta visual para criar a EAP? Não tem problema. Gosto da ferramenta visual porque nos permite visualizar o escopo de forma muito mais fácil. Hoje em dia, existem ferramentas na web, gratuitas e simples de usar, que nos permitem criar a EAP. É só pesquisar, mas, se mesmo assim *preferir não usar, você pode criar a EAP textual, usando uma lista indentada com a numeração que identifique a estrutura hierárquica.*

- *Existem entregas que não precisam ser decompostas? Sem problema, deixe como está. Decompor uma entrega em apenas um subproduto não faz o menor sentido.*

PMBOK

No PMBOK, o Dicionário da EAP é o local onde são detalhadas as informações sobre as entregas da EAP.

AGILE

No Scrum, não existe o conceito de entregas. As histórias de usuários estão relacionadas aos requisitos. Ao receber e compreender cada requisito, o time determina as atividades que serão realizadas para entregar o requisito. Falaremos sobre atividades, durante o planejamento do prazo do projeto.

EAP NA FORMA TEXTUAL COM NUMERAÇÃO DE TÓPICOS:

1 Congresso de Gestão Descomplicada

1.1 Gestão do projeto
   1.1.1 Abertura
   1.1.2 Plano
   1.1.3 Monitoramento
   1.1.4 Encerramento

1.2 Recursos Financeiros
   1.2.1 Patrocínios
   1.2.2 Apoios
   1.2.3 Inscrições

1.3 Evento
   1.3.1 Programação
      1.3.1.1 Keynotes
      1.3.1.2 Palestrantes
      1.3.1.3 Trabalhos
      1.3.1.4 Confraternização
   1.3.2 Material
      1.3.2.1 Template slides
      1.3.2.2 Canetas
      1.3.2.3 Crachás
      1.3.2.4 Blocos de Notas
      1.3.2.5 Pastas
      1.3.2.6 Brindes
      1.3.2.7 Fichas de avaliação
      1.3.2.8 Certificados

1.4 Comunicação
   1.4.1 Material de divulgação
      1.4.1.1 Identidade visual
      1.4.1.2 Flyer eletrônico com grade
      1.4.1.3 Teasers eletrônicos
      1.4.1.4 Banners impressos
   1.4.2 Assessoria de imprensa
   1.4.3 Divulgação
      1.4.3.1 Hotsite
      1.4.3.2 E-mail Marketing
      1.4.3.3 Empresas
      1.4.3.4 Instituições de ensino
      1.4.3.5 Redes sociais

1.5 Infraestrutura
   1.5.1 Local
   1.5.2 Alimentação
      1.5.2.1 Coffee
      1.5.2.2 Confraternização
      1.5.2.3 Almoço
   1.5.3 TI
   1.5.4 Página de inscrições

1.6 Apoio e Logística
   1.6.1 Equipe
   1.6.2 Passagens aéreas
   1.6.3 Traslados
   1.6.4 Hospedagens

 **FIQUE ESPERTO!**

Lembre-se de que a EAP representa todo seu escopo. Logo, não se esqueça de representar nenhuma entrega nela!

 **RESULTADO**

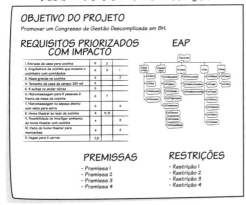

Neste capítulo, destacamos tudo o que vai ser feito no projeto (escopo) para atender a todas as necessidades que o cliente nos informou (requisitos). É muito importante que essas duas informações estejam registradas e acordadas entre todos, antes dos próximos passos. Já pensou, depois que todas as negociações sobre recursos, prazos etc, tiverem sido feitas, descobrirmos que os requisitos estavam errados e o plano tiver que ser refeito? Dá vontade de chorar, não é mesmo?

Vamos então a um esquema resumido dos resultados do escopo do projeto. O escopo do projeto com outras informações de planejamento podem fazer parte de um único documento de planejamento do projeto. Esse planejamento é progressivo.

 **VEJA BEM!**

Ressaltamos premissas e restrições durante a iniciação, mas as informações sobre elas nos acompanharão durante todo o projeto. Novas premissas poderão surgir, assim como outras poderão ser reescritas com mais detalhes. O mesmo é válido para as restrições.

Todo o projeto deve ser planejado, levando em consideração essas informações:
- *As restrições devem ser atendidas pelo projeto.*
- *O planejamento do projeto assume que as premissas são verdadeiras.*

Caso seja necessário, outras informações do PM Canvas podem compor o Plano do Escopo do Projeto.

Capítulo 7 - Recursos: do que o projeto vai precisar?

NA REAL

— Meu chefe tomou o melhor recurso do projeto que estou gerenciando para alocar em outro projeto.
— Por que ele fez isso?
— Porque o diretor de serviços estava brigando com ele para terminar o projeto da área dele.
— O outro projeto era mais importante?
— Não; logo depois, foi cancelado. Na reunião do mês, veio reclamar porque o meu projeto estava atrasado.
— O que você fez?
— Fiquei calado e desejei ter mais dinheiro que decepções.

Você já passou pela mesma situação acima?

POR QUÊ?

Partindo de tudo o que deve ser entregue, é preciso pensar que as entregas não são desenvolvidas sozinhas. Pessoas, máquinas, materiais, insumos são usados para produzi-las. É impossível determinar os prazos e custos de um projeto sem ter uma previsão dos recursos necessários e disponíveis, bem como as quantidades necessárias.

Por que estamos falando de recursos? Porque, se você não sabe quais recursos terá disponível, quais são as disponibilidades e as reais capacidades dos recursos, não é possível fazer um planejamento minimamente decente para seu projeto. Você pode ter o Chuck Norris como seu recurso. Ele é capaz de desenvolver 20 entregas no mesmo dia com alta qualidade, mas só possui disponibilidade apenas em um dia específico, daqui a oito meses. Isso te atende? Pode acontecer de você ter à disposição uma pessoa um pouco limitada em termos de habilidades, mas com alta disponibilidade e motivação; alguém com quem você pode contar na maior parte das vezes. Você pode, então, pensar duas vezes a respeito do que seria melhor para o projeto.

VEJA BEM!

Chuck Norris é o ser mais cabra-macho que existe em todas as galáxias. Para você ter uma ideia, ele assobiava, chupava cana e matava 50 bandidos com a mão esquerda ao mesmo tempo.

Uma coisa é certa: você **sempre** vai ter menos recursos do que gostaria, com menos habilidades que seu projeto exige e com disponibilidade menor que você precisa. Não adianta mudar de empresa. Infelizmente, é mais provável que, na outra empresa, você encontre a mesma situação.

O que fazer então? **Planeje seu projeto contando com essa situação real, apesar de não desejada.** E se o prazo não atender à expectativa? Procuraremos adotar alguma técnica para comprimir o prazo, buscaremos alternativas. Por exemplo, podemos entregar apenas aquilo que cabe dentro do tempo requerido. Foi para isso que priorizamos os requisitos, lembra?

Este capítulo abordará, em linhas gerais, o planejamento de recursos para o projeto, com maior foco para os recursos humanos.

 **COMO?** Para planejar os recursos do projeto, algumas perguntas merecem respostas:

- Que tipo de recursos (pessoas, máquinas, espaço, materiais etc.) o projeto vai precisar?

- No caso de recursos humanos, conseguimos definir as principais funções (papéis) necessárias para trabalhar no projeto? Quais as habilidades necessárias e responsabilidades de cada função?

- Que tipos de recursos já temos para o projeto e qual é a disponibilidade real deles?

- O projeto precisará obter algum recurso emprestado de outra área? Podemos realmente contar com qual disponibilidade? Por quanto tempo ele estará disponível? Qual é o risco? Existem alternativas?

- O projeto precisará contratar pessoas? Como isso é feito? Existe algum processo a ser seguido? Quanto tempo demora em média? Existe outra área envolvida para isso?

- O projeto precisará comprar insumos, comprar ou alugar máquinas? Como isso é feito? Existe algum processo a ser seguido? Quanto tempo demora em média? Existe outra área envolvida para isso?

Para estimar o prazo do projeto, não basta simplesmente assumir que temos uma quantidade X de pessoas 100% produtivas trabalhando no projeto e fazer as estimativas de prazo a partir dessa suposição. Você tem que ser realista, e ser realista começa por responder às questões acima.

Se seu projeto precisar contratar pessoal ou realizar aquisições, isso gasta tempo, que deve ser considerado! Se outras áreas estão envolvidas nessas atividades, elas devem estar alinhadas com o projeto e prestar contas dessas ações, que impactam o seu prazo!

Se existem pessoas de outras áreas (que se reportam a outros gerentes funcionais) produzindo entregas para o projeto, isso pode ser arriscado porque essas pessoas podem estar compartilhando o tempo delas entre atividades do projeto e outras atividades (ou, até mesmo, outros projetos). Nesse caso, qual é a prioridade do projeto em relação às outras atividades dessas pessoas? Qual é a real disponibilidade dessas pessoas para produzir as entregas do projeto?

Sobre alocação de recursos (pessoas, máquinas, insumos, materiais) para os projetos, geralmente percebo a realidade das empresas bem diferente do que ensinam livros, métodos e guias de mercado.

Alguns métodos presumem equipes de pessoas 100% disponíveis e alocadas para os projetos, inteiramente capazes, auto-organizadas e produtivas. Com certeza, é esse perfil que as empresas buscam ao contratar profissionais, e é exatamente esse perfil que todo mundo quer ter. Em termos práticos, porém, empresas vivenciam níveis de maturidade diferentes, às vezes aquém do desejado.

Outros guias presumem que o gerente do projeto pode escolher sua equipe, como se houvesse um catálogo, um self-service de pessoas disponíveis e capazes para trabalhar no projeto. Sério mesmo? Responda-me uma coisa: que empresa possui um conjunto de pessoas, cuja disponibilidade a médio prazo é possível prever?

Muitos acreditam no seguinte conto: "A pessoa possui 80% das habilidades necessárias para produzir as entregas do projeto? Falta apenas uma habilidade específica? Dê um treinamento a ela que resolve!". Na realidade, porém, não basta contemplar um treinamento no projeto para melhorar uma habilidade de uma pessoa. Ela **não** passará a ter 100% das habilidades e **não** produzirá como queremos **instantaneamente.** Isso demanda tempo e deve ser levado em consideração no momento da alocação da pessoa.

Não existe receita única sobre como obter e gerir recursos em projetos, mas essas questões foram levantadas aqui para serem levadas em consideração. Use essas questões a favor do projeto, pois as respostas a cada uma delas têm um forte impacto no planejamento. Certamente, nunca podemos chegar para nossos clientes e simplesmente dizer que não poderemos atender a uma ou outra expectativa, seja de prazo ou de qualquer outro tipo. Temos que usar informações plausíveis para justificar. Na verdade, temos que usar informações para, antes de mais nada, gerenciar, adequar, buscar soluções, oferecer alternativas.

VEJA BEM!

É importante ter em mente a diferença entre o cargo que uma pessoa ocupa na empresa e os papéis (funções) no projeto que ela pode exercer.

Por exemplo, suponha que você faça parte de uma empresa muito pequena. Seu cargo na empresa é diretor de projetos. As funções (papéis), todavia, que você pode desempenhar nos projetos são diversas e isso depende das habilidades que você tem. Em um determinado projeto, você pode exercer o papel de gerente de projetos e de analista de negócios, por exemplo. É claro que você deve exercer essas funções por ter capacidade para tal e não pelo fato de ser diretor de projetos. Se tiver capacidade para ser desenvolvedor de software, então, você pode ter essa função em outro projeto. Isso não contrapõe o fato de você continuar sendo diretor de projetos na empresa. Você apenas exercerá funções diferentes, com base nas suas habilidades e nas necessidades dos projetos.

Muitas vezes, uma mesma pessoa possui habilidades diversas, que a permitem exercer funções diversas. Devemos somente tomar cuidado para que essa pessoa não seja alocada em tudo. Um dos perigos dessa abordagem é fazer uma alocação, de forma que exceda a disponibilidade da pessoa. Além disso, para algumas pessoas, quanto mais diversificadas são as funções que ela exerce em um determinado período, menor é a sua produtividade. Isso ocorre porque se gasta tempo para retomar uma função ou atividade diferente.

FERRAMENTAS

De maneira prática, como **primeiro passo**, é importante definir os principais papéis (funções) e responsabilidades que o projeto vai demandar. Cabe aqui reforçar que uma pessoa pode exercer mais de um papel.

Para variar dos exemplos fornecidos anteriormente, vamos dar um exemplo de projeto de desenvolvimento de software.

EXEMPLO DE PAPÉIS E RESPONSABILIDADES DE UM PROJETO DE DESENVOLVIMENTO DE SOFTWARE

PAPÉIS E RESPONSABILIDADES	
GERENTE DE PROJETOS	• Elaborar Plano do Projeto. • Elaborar, controlar e monitorar o cronograma de atividades, visando ao cumprimento dos prazos, escopo e qualidade. • Definir estimativa de custo, prazo e recurso do projeto. • Reportar status do projeto.
ANALISTA DE SISTEMAS	• Levantar requisitos junto ao cliente, analisar e detalhar requisitos. • Obter aceite de requisitos junto ao cliente. • Realizar rastreabilidade de requisitos. • Elaborar a especificação técnica e cenário de testes. • Definir modelo de dados e arquitetura de software.
PROGRAMADOR	• Codificar software seguindo a especificação de requisitos. • Realizar testes unitários e revisões dos códigos fontes gerados na etapa de codificação.
TESTADOR	• Realizar testes: funcional, performance, usabilidade, integração e aceitação. • Gerar relatório de testes.

Como **segundo passo**, para alocar as pessoas certas ao projeto, é importante **definir os conhecimentos e habilidades a serem exigidos para se exercer cada papel (função)**. Se necessário, defina também as ferramentas que a pessoa deve conhecer para estar apta a cada papel. Isso pode ser registrado em ferramentas de software ou de qualquer outra forma que você julgue mais efetiva, dentro dos recursos que possui.

EXEMPLO DE DEFINIÇÃO DE CONHECIMENTOS E HABILIDADES POR PAPEL

PAPÉIS	CONHECIMENTOS													
	DESENVOLVIMENTO			TESTE		ANÁLISE				GER. REQUISITO			GERÊNCIA DE PROJETOS		
				Conhecimento	Ferramenta	Conhecimento			Ferramenta	Conhecimento	Ferramenta	Conhecimento		Ferramenta
	Arquitetura (Mobile, Web, Desktop)	Ling. Programação (C, Java, PHP)	Banco de dados (SQL Server, Oracle)	Plano de teste	Caixa Branca/Preta	Automação de teste	Modelagem UML	Modelagem de BD	Análise e Especificação de requisitos	Enterprise Architect	Modelagem de processo - Bizagi	Gerência de Requisitos	Registro e acompanhamento de questões - Mantis	Estimativas de Software	Gerência de Projetos	MS Project
GERENTE DE PROJETOS											X	X	X	X	X	X
ANALISTA DE SISTEMAS			X	X			X	X	X	X	X	X	X	X		
PROGRAMADOR	X	X	X	X									X			
TESTADOR				X	X	X			X	X			X			

O **terceiro passo** é determinar, para **cada pessoa** elegível a participar do projeto, quais são **as habilidades e conhecimentos que ela possui**.

EXEMPLO DE DEFINIÇÃO DE CONHECIMENTOS E HABILIDADES POR PESSOA

COLABORADORES	\multicolumn{15}{c	}{CONHECIMENTOS}
	\multicolumn{3}{c	}{DESENVOLVIMENTO}	\multicolumn{3}{c	}{TESTE}	\multicolumn{4}{c	}{ANÁLISE}	\multicolumn{2}{c	}{GER. REQUISITO}	\multicolumn{2}{c	}{GERÊNCIA DE PROJETOS}
	\multicolumn{3}{c	}{}	\multicolumn{2}{c	}{Conhecimento}	Ferramenta	\multicolumn{3}{c	}{Conhecimento}	Ferramenta	Conhecimento	Ferramenta	Conhecimento	Ferramenta
	Arquitetura (Mobile, Web, Desktop)	Ling. Programação (C, Java, PHP)	Banco de dados (SQL Server, Oracle)	Plano de teste	Caixa Branca/Preta	Automação de teste	Modelagem UML	Modelagem de BD	Análise e Especificação de requisitos	Enterprise Architect	Modelagem de processo - Bizagi	Gerência de Requisitos	Registro e acompanhamento de questões - Mantis	Estimativas de Software	Gerência de Projetos	MS Project
---	---	---	---	---	---	---	---	---	---	---	---	---	---	---	---	---
ARNALDO GUIMARÃES			X	X			X	X	X	X	X	X	X	X		
PEDRO PAULO CASTRO	X	X	X	X									X			
PETER SOUSA	X	X	X	X									X			
PATRÍCIA BORGES SILVA	X	X	X										X			
ANELISE GONÇALVES			X	X			X	X	X	X	X	X	X	X		
GERALDO REZENDE												X	X	X	X	X
GABRIEL CARVALHO		X	X	X			X	X	X	X	X	X	X	X	X	X
TATIANA FERNANDES				X	X	X			X	X			X			

Seguindo esses passos, é possível determinar, de forma um pouco mais objetiva, as melhores pessoas para realizar cada função. Basta cruzar as informações sobre conhecimentos e habilidades das pessoas com as informações de conhecimentos e habilidades necessários para cada papel e verificar onde existe correspondência.

Observe, no exemplo dado, que apenas a Tatiana Fernandes possui todos os conhecimentos necessários para o papel de Testador. Por outro lado, o Gabriel Carvalho tem conhecimentos para exercer tanto o papel de Analista de Sistemas quanto o papel de Gerente de Projetos. Resta saber a real disponibilidade das pessoas.

EXEMPLO DE CRUZAMENTO DE PAPÉIS QUE UMA PESSOA PODE EXERCER, COM BASE EM SEUS CONHECIMENTOS E HABILIDADES

	DESENVOLVIMENTO			TESTE			ANÁLISE				GER. REQUISITO			GERÊNCIA DE PROJETOS		
				Conhecimento		Ferramenta	Conhecimento			Ferramenta	Conhecimento		Ferramenta	Conhecimento		Ferramenta
	Arquitetura (Mobile, Web, Desktop)	Ling. Programação (C, Java, PHP)	Banco de dados (SQL Server, Oracle)	Plano de teste	Caixa Branca/Preta	Automação de teste	Modelagem UML	Modelagem de BD	Análise e Especificação de requisitos	Enterprise Architect	Modelagem de processo - Bizagi	Gerência de Requisitos	Registro e acompanhamento de questões - Mantis	Estimativas de Software	Gerência de Projetos	MS Project
ARNALDO GUIMARÃES			X	X			X	X	X	X	X	X	X	X		
PEDRO PAULO CASTRO	X	X	X	X									X			
PETER SOUSA	X	X	X	X									X			
PATRÍCIA BORGES SILVA	X	X	X	X									X			
ANELISE GONÇALVES			X	X			X	X	X	X	X	X	X	X		
GERALDO REZENDE												X	X	X	X	X
GABRIEL CARVALHO			X	X			X	X	X	X	X	X	X	X	X	X
TATIANA FERNANDES				X	X	X			X	X			X			

GERENTE DE PROJETOS												X	X	X	X	X
ANALISTA DE SISTEMAS			X	X			X	X	X	X	X	X	X	X		
PROGRAMADOR	X	X	X	X									X			
TESTADOR				X	X	X			X	X			X			

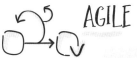 **AGILE**

No Scrum, existem basicamente três papéis:

PRODUCT OWNER: *é um especialista do negócio, representante de todos os stakeholders. Ele estabelece e comunica a visão do produto à alta gestão e ao time. É o responsável por levantar, especificar e detalhar os requisitos do projeto, bem como priorizar, para assegurar que os requisitos mais importantes serão produzidos primeiro.*

SCRUM MASTER: *é responsável por liderar o time, removendo impedimentos, evitando interrupções externas, garantindo que os eventos e reuniões necessários para desenvolver o projeto estejam sendo realizados. Faz um papel de coach dos membros do time. Dessa forma, assume uma parcela das atividades habituais do gerente de projetos.*

TIME: *consiste no conjunto de pessoas com as especializações necessárias para implementar os resultados parciais do projeto a cada sprint. São responsáveis por estimar itens de requisitos, definir suas atividades, gerenciar seu próprio trabalho e participar de todos os eventos e reuniões obrigatórias do Scrum. Nas bibliografias, é sempre destacado que o time é multifuncional e reúne todas as especializações necessárias para o projeto.*

# NA REAL

Certa vez, um cliente estava desesperado. Ele era gestor da área de TI de uma empresa que recebia demandas de todas as outras diretorias. A lista de projetos era imensa e a área de TI tinha uma péssima reputação de nunca entregar os projetos. As pessoas estavam sempre superalocadas, as demandas atropelavam umas às outras.

Até que a área resolveu definir formalmente os papéis (funções) que deveriam fazer parte dos projetos, bem como as responsabilidades e os conhecimentos necessários para cada papel. Também fez um trabalho com todos os colaboradores da área de TI e identificou os conhecimentos que cada um realmente possuía, bem como ferramentas que dominavam. O resultado foi surpreendente. Ele descobriu que determinadas funções apenas uma pessoa tinha capacidade para exercer. O pior: eram funções críticas! Isso era muito arriscado, a pessoa não tinha direito nem de ficar doente! Além disso, percebeu que havia pessoas com habilidades que ele nem conhecia e que poderiam até ser promovidas.

Era como se ele estivesse com sérios problemas de visão, mas não sabia disso. Passou, então, a usar lentes e enxergar tudo com mais clareza. A vida do gestor mudou. Ele passou a poder tomar decisões a respeito de contratações, treinamentos e alocações nos projetos com muito mais propriedade e sem sofrimento.

Tudo isso porque passou a usar as informações corretas para tomar decisões sobre quais recursos alocar aos projetos.

RESULTADO Após validar as funções necessárias ao projeto, as responsabilidades associadas a cada função, as pessoas aptas a exercer as funções e suas disponibilidades, é importante deixar essas informações registradas.

Assim como o escopo do projeto, o registro dos recursos humanos pode fazer parte de um único documento de planejamento do projeto. Como já ressaltado, esse planejamento ocorre progressivamente.

EXEMPLO DE PLANO DE RECURSOS HUMANOS DE UM PROJETO

NOME DO RECURSO	FUNÇÃO	DISPONIBILIDADE	RESPONSABILIDADE
Peter Sousa	Programador	8 horas / dia	• Codificar software seguindo a especificação de requisitos. • Realizar testes unitários e revisões dos códigos fontes gerados na etapa de codificação.
Patrícia Borges Silva	Programador	8 horas / dia	• Codificar software seguindo a especificação de requisitos. • Realizar testes unitários e revisões dos códigos fontes gerados na etapa de codificação.
Anelise Gonçalves	Analista de sistemas	4 horas / dia	• Levantar requisitos junto ao cliente, analisar e detalhar requisitos. • Obter aceite de requisitos junto ao cliente. • Realizar rastreabilidade de requisitos. • Elaborar a especificação técnica e cenários de testes. • Definir modelo de dados e arquitetura de software.
Gabriel Carvalho	Gerente de projetos	4 horas / dia - férias no mês de abril	• Elaborar Plano do Projeto. • Elaborar, controlar e monitorar o cronograma de atividades, visando o cumprimento dos prazos, escopo e qualidade. • Definir estimativa de custo, prazo e recurso do projeto. • Reportar status do projeto.
Tatiana Fernandes	Testadora	8 horas / dia	• Realizar testes funcional, performance, usabilidade, integração e aceitação. • Gerar relatório de testes

Capítulo 8 - Prazo: quando o projeto será entregue?

 **NA REAL**

Outro dia, levei meu carro para arrumar um amassadinho que fizeram na porta. Cheguei à oficina, em uma segunda-feira, às 8h. Pedi ao especialista que fizesse o serviço com qualidade e me entregasse o carro na própria segunda, ao meio-dia. Veja o que ele me disse:

"Fabiana, posso apenas desamassar essa parte da porta (fazer o "martelinho"). O serviço vai ficar 80%, em termos de qualidade, e poderei te entregar hoje às 14h. Você só vai perceber um pequeno defeito se reparar a porta bem de perto. Logo, o resultado é bem razoável a um preço de R$300,00. Caso você queira o serviço com qualidade 100%, então, terei que fazer a lanternagem. Custará R$600,00 e só poderei te entregar na quarta-feira. O que você prefere?".

Veja bem: o especialista me deu duas opções de serviço. Em cada opção, ele me disse os recursos que usaria, a qualidade final, o prazo e o preço, e me pediu para escolher qual eu preferiria. O mecânico fez isso! Ele não ficou acuado porque eu cheguei insistindo para me entregar segunda ao meio-dia. Achei isso fantástico! Por que é que nós não podemos fazer o mesmo?

 **POR QUÊ?** Planejar o prazo é a parte divertida de qualquer projeto. Para não dizer desafiadora, não é mesmo?

A história é sempre a mesma. O prazo de entrega é o mais importante. Não importa o que estão pedindo, se vai ser entregue com qualidade ou se você terá os recursos necessários para entregar. Por que será que as pessoas e empresas dão tanta importância ao prazo, parecendo não se importar com o resto? Ora, como foi exposto lá no início desse livro, os projetos existem para concretizar as constantes necessidades de mudanças das empresas: novos produtos, novos serviços ou novas formas de oferecê-los. O mercado está cada vez mais dinâmico em termos de necessidades, e as empresas precisam acompanhar esse ritmo. Cada novo produto, serviço ou resultado que a empresa pensa em lançar significa um novo projeto. Quanto mais rápido o resultado do projeto ficar pronto, mais cedo as empresas conseguirão aproveitar os benefícios gerados por esses resultados: maior lucratividade, aumento de mercado, reforço da marca etc.

Logo, o prazo do projeto importa muito! O problema é que muitos se importam **apenas** com isso. É importante não perder a perspectiva de que existe uma ligação forte entre o prazo do projeto, o escopo que vai ser entregue, o grau de qualidade, os riscos, os custos e a satisfação do cliente. Dessa forma, quanto menor for o prazo para a entrega de um escopo acordado, maior será a possibilidade de os custos aumentarem, pois provavelmente o projeto precisará de mais recursos para que se consiga entregá-lo em um prazo curto demais. Os riscos também podem aumentar, pois, para comprimir o cronograma inserindo mais recursos, algumas atividades deverão ser realizadas paralelamente e isso torna o projeto mais sujeito a erros, aumentando o custo, o prazo e impactando também na satisfação do cliente. Muitos projetos, por conta de um prazo desafiador, procuram reduzir o grau de qualidade das entregas, de forma que sejam feitas mais rapidamente. Isso também tem um efeito negativo na satisfação do cliente.

Dessa forma, é importante sim tentar planejar o projeto levando em consideração o prazo mais curto de implantação, mas também é relevante observar essas outras restrições que o projeto deve atender, pois o sucesso dele está muito relacionado ao atendimento de seus objetivos: de prazo, de custo, de qualidade e, principalmente, de negócio!

AS PRINCIPAIS RESTRIÇÕES QUE DEVEM SER ATENDIDAS EM UM PROJETO.

  Não existe uma única maneira de planejar o prazo de um projeto, mas, em geral, existe um fio condutor, uma essência relacionada às principais informações que devem ser levantadas e ações que devem ser executadas. Essa é a proposta deste livro: apresentar a essência, o que é mais importante a ser pensado ao longo do projeto.

PLANEJAMENTO DE ALTO NÍVEL VERSUS PLANEJAMENTO DETALHADO

Elaborar um planejamento absolutamente assertivo a respeito do prazo de um projeto é igual a comprar uma Ferrari com 40% de desconto: praticamente impossível!

A questão é que, conforme foi discutido, saber o prazo de conclusão é relevante para qualquer projeto. Como proceder então? Ora, é tudo uma questão de como se posicionar e comunicar corretamente as informações do projeto.

Da mesma forma que foi mencionado nos requisitos e no escopo, o prazo do projeto pode ser planejado de forma iterativa e incremental. Assumindo que os requisitos e entregas já foram levantados até o nível de detalhe possível, bem como priorizados, divida o projeto em etapas. Logo, as entregas mais prioritárias, a serem desenvolvidas na primeira etapa, devem estar em um nível de detalhe que seja possível decompor em atividades e realizar estimativas com margens de erro menores. As entregas menos prioritárias, a serem desenvolvidas em etapas posteriores, podem ser estimadas e planejadas de alto nível. Isso significa planejar e estimar com as informações que possuem, mesmo que pouco detalhadas. As estimativas serão menos precisas, baseadas em menos informações, e certamente terão uma margem de erro maior.

À medida que o projeto avançar, as entregas seguintes poderão ser detalhadas quando as informações estiverem mais claras. Dessa forma, não é necessário sofrer para estimar e planejar etapas do projeto que serão desenvolvidas muito adiante. É claro que um planejamento deve existir, mas dentro das informações disponíveis no momento.

DICA

Nunca deixe de registrar as condições, premissas e informações usadas no planejamento!

PMBOK

O PMBOK define o planejamento de alto nível como sendo planejamento top-down. Da mesma forma, o planejamento detalhado é definido pelo PMBOK como sendo planejamento bottom-up.

TRILHA PARA PLANEJAMENTO DO PRAZO DO PROJETO

Com base nessa perspectiva, é sugerida uma trilha para o planejamento do prazo do projeto, baseada em alguns guias, frameworks e métodos de mercado. Trilha, neste contexto, significa uma sugestão de caminho. Os passos para planejar e gerenciar o prazo, bem como todo projeto de forma integrada, não devem ser vistos como trilhos, onde as pessoas são obrigadas a se apoiar para seguir em frente. Por isso, a ideia da trilha parece mais adequada. Vamos à trilha:

TRILHA SUGERIDA PARA PLANEJAMENTO DO PRAZO DO PROJETO

Assumindo que as seguintes atividades já foram realizadas no projeto:

Os stakeholders mais importantes foram identificados, seus requisitos foram registrados e priorizados

O escopo foi definido e priorizado com base nos requisitos.

O planejamento do prazo do projeto pode ser feito a partir da seguinte trilha:

1) Se for necessário, decomponha as entregas do escopo em atividades. Cada entrega (resultado) parcial, pode estar associada a várias atividades (ações).

As entregas mais prioritárias devem estar decompostas em um nível de detalhe suficiente, a ponto de ser possível estimar, planejar e executar ações, para estarem concluídas.

As entregas menos prioritárias não precisam ser decompostas, caso não seja possível. À medida que o projeto avançar, a decomposição ocorrerá de forma iterativa.

2) Estabeleça a ordem em que as atividades deverão ser executadas. Essa ordem é importante porque, muitas vezes, o resultado de uma atividade serve de insumo para outra. Ou seja, nesse caso, a ordem é obrigatória.

3) Defina os papéis (recursos) necessários para executar as atividades. Verifique se existem recursos disponíveis para o projeto e qual é a real disponibilidade.

Para as entregas de alto nível, muitas vezes, não será possível determinar recursos nem realizar estimativas detalhadas. Faça estimativas aproximadas no início e refine depois.

4) Estime o esforço (horas) necessário para executar as atividades, bem como a duração, baseando-se nos recursos disponíveis. Não deixe de levar em conta as disponibilidades reais. Logo, se a disponibilidade de uma pessoa é de meio dia, isso impactará na duração para completar a atividade.

5) A partir das atividades, sua sequência, os recursos e suas disponibilidades e a duração, insira todas essas informações em um calendário, com dias úteis e não úteis.

O cronograma do projeto é resultado de todas essas ações.

Se o prazo não atende às expectativas, verifique se existem formas adequadas de comprimir o cronograma:

- Executar atividades em paralelo.
- Adicionar mais recursos às atividades para reduzir a duração.
- Reduzir o escopo.
- Reduzir a qualidade da entrega.
- Ou outra alternativa.

Após o planejamento dos riscos, se for definida alguma ação proativa para minimizar impactos negativos, realimente o cronograma com essas ações planejadas.

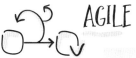 AGILE

No Scrum, o planejamento do prazo do projeto ocorre de forma um pouco diferente, mas a essência continua a mesma:

• O Product Owner, que representa o analista de negócios responsável por fazer a interface entre o cliente e o time, registra os requisitos (denominados histórias de usuários), os prioriza e faz uma estimativa do tamanho de cada um. Como exemplo, o Story Point é geralmente usado por times ágeis como unidade de estimativa de tamanho. Os requisitos mais prioritários são definidos em um nível de detalhamento maior.

• É definida a duração de um sprint, que consiste em uma fase de tempo fixo do projeto. Normalmente, um sprint pode ter duração de duas a quatro semanas. Todos os sprints devem ter a mesma duração.

• Partindo da premissa de que já se tem a informação do time que desenvolverá o projeto, bem como a velocidade do time (quantos story points são desenvolvidos pelo time em um sprint de tamanho fixo), calcula-se a duração estimada do projeto.

• Durante a execução, antes do início de sprint, define-se quantos e quais requisitos (histórias de usuários) podem ser desenvolvidos, com base no tamanho de cada um, no tamanho do sprint e na velocidade do time.

- No início da execução do sprint, o detalhamento dos requisitos é feito, eles são decompostos em atividades e nova estimativa é feita pelo time.

- Ao final do sprint, é verificado o que foi realmente feito e os requisitos que deverão ser desenvolvidos na próxima sprint. A velocidade do time é recalculada. Esse acompanhamento é feito até o final do projeto.

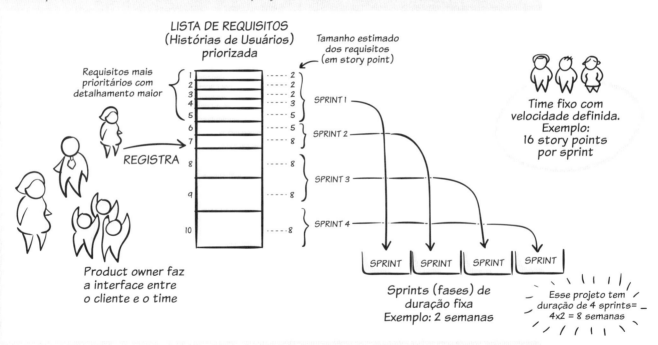

 **FERRAMENTAS** Existem inúmeras técnicas e ferramentas que nos ajudam a estabelecer relações de precedência entre as atividades, realizar estimativas, associar recursos, criar e analisar cronogramas. Não é objetivo deste livro explorar todas essas ferramentas e técnicas, mas alguns insights sobre estimativas, duração e esforço serão abordados nessa seção.

DECOMPONDO ENTREGAS EM ATIVIDADES

Estimar a duração das entregas que temos para fazer é uma das coisas mais desafiadoras que existem. Tenha uma coisa em mente: quanto menor é o item a ser estimado, mais fácil é estimar. Devido a isso, é comum decompor as entregas em atividades mais detalhadas antes de estimar.

ENTREGA DA EAP DECOMPOSTA EM ATIVIDADES

VEJA BEM!

Se, durante o planejamento, não for possível decompor uma entrega em atividades menores para realizar uma estimativa mais assertiva, não se aflija. Faça a estimativa do que está menos detalhado e registre que, nesses casos, o erro da estimativa será maior. Ao longo da execução do projeto, o detalhamento acaba se tornando possível e as estimativas poderão ser refeitas.

AGILE

No Scrum, o time recebe as histórias de usuários (que é o nome dado aos requisitos) e decompõe essas histórias em atividades, para que seja feita uma estimativa detalhada. Normalmente, essa decomposição é feita em uma ferramenta que chamamos de quadro Kanban.

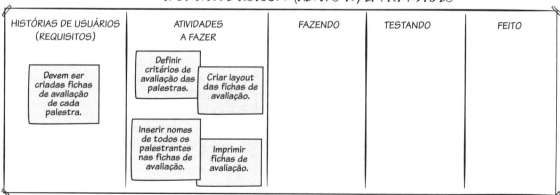

QUADRO KANBAN COM DECOMPOSIÇÃO DE UMA HISTÓRIA DE USUÁRIO (REQUISITO) EM ATIVIDADES

REALIZANDO ESTIMATIVAS

A literatura apresenta uma infinidade de métodos e técnicas de estimativa. Mesmo assim, sempre existe variação entre o estimado e o real. Por que isso acontece? Por uma série de razões. Abaixo, são ressaltadas algumas delas:

• O **esforço** para concluir uma entrega ou atividade é estimado sem considerar as **variabilidades** do mundo real. O mundo real raramente é igual ao estimado; por isso, a variabilidade é inerente ao processo de estimativa. Esta é a razão de chamarmos de estimativa e não de medição.

• Uma **única informação** histórica é usada para fazer estimativa. Como exemplo, pense no percurso que você faz todos os dias da sua casa para o trabalho. Suponha que você passe sempre pelo mesmo caminho e que, em média, o tempo gasto seja de 20 minutos. Às vezes, porém, você consegue sair um pouco mais cedo e gasta cinco minutos menos, devido ao menor trânsito. Outras vezes, está chovendo e o tempo aumenta. Existe uma variação, que é natural. Se houver um acidente, o tempo desviará fortemente do esperado. Dessa forma, se usar apenas a informação do dia em que você saiu mais cedo e pegou um trânsito bom para fazer sua próxima estimativa, ela não será realista.

• Algumas estimativas são realizadas por **apenas uma pessoa**, em geral por quem vai realizar a tarefa, que pode sofrer interferências, como excesso de otimismo, falta de habilidade para compreender a tarefa no momento de estimar, dentre outras.

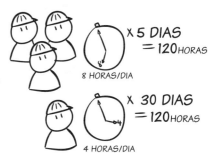

FIQUE ESPERTO!

Estimar as horas para concluir uma entrega é diferente de estimar a duração. Estimar as horas diz respeito ao esforço. Estimar a duração diz respeito ao tempo decorrido. Uma entrega pode ter o esforço de 120 horas e ter a duração de uma semana, com três recursos alocados para produzi-la. Ou seja, três pessoas trabalhando oito horas por dia por cinco dias úteis é o equivalente a 120 horas. Por outro lado, se apenas uma pessoa com disponibilidade de quatro horas por dia for alocada para fazer a mesma entrega, então, serão necessários 30 dias úteis para finalizá-la!

ESTIMANDO TAMANHO

Comece estimando o **tamanho** ou **complexidade** dos requisitos ou entregas do projeto. Ou seja, não comece estimando horas, nem duração. Primeiro, defina uma forma de determinar o tamanho (complexidade) do requisito ou da entrega. Depois, ao conhecer a informação histórica sobre o esforço necessário para desenvolver cada unidade de tamanho, será possível estimar o esforço total do projeto.

NA REAL

Usamos medidas de tamanho para fazer estimativas em nosso dia a dia. Tome por exemplo uma piscina de 2m x 5m x 1,5m = 15m³ = 15.000 litros. Esse é o tamanho da piscina, usando-se a unidade de volume metros cúbicos. Suponha que seja possível encher 3.000 litros em uma hora; então, serão necessárias cinco horas para encher a piscina inteira. Ou seja, a partir do esforço em horas usado para encher uma unidade de tamanho de 3.000 litros (informação conhecida historicamente), calcula-se o esforço para o tamanho total.

A ideia de estimar o tamanho em projetos é a mesma usada no exemplo da piscina:

- *Determina-se um critério para medir o tamanho de cada entrega. No caso da piscina, o tamanho foi determinado em m³, mas pode-se determinar qualquer outro critério.*
- *Calcula-se o tamanho das entregas com base no mesmo critério.*
- *Com base em dados históricos, calcula-se o esforço em horas para desenvolver uma unidade de tamanho. No caso da piscina, a informação é de uma hora por 3.000 litros.*
- *O esforço total para desenvolver a entrega é estimado, usando-se regra de três. Ou seja, se uma hora é gasta para 3.000 litros, então cinco horas serão usadas para 15.000 litros.*

Esta seção apresenta um exemplo simplificado de critérios usados para calcular tamanho de entregas, elaborado por uma empresa que desenvolve software. O tamanho de cada item a ser desenvolvido, nesse caso, foi determinado de acordo com características do item: se é uma tela na web, se é uma tela para celular, um relatório etc. Além disso, ainda foram estabelecidos critérios para determinar se o item (a entrega) tem complexidade simples, média ou alta, com base em critérios mais específicos.

EXEMPLO DE CRITÉRIOS PARA DETERMINAR O TAMANHO DE UM ITEM DE SOFTWARE

TIPO	COMPLEXIDADE	CARACTERÍSTICAS	TAMANHO	OBSERVAÇÕES
Interface — Mobile	Simples	Apenas exibição	1	Complexidade baseada no número de tabelas.
	Média	Exibição/Edição em uma única tabela	3	
	Alta	Exibição/Edição em mais de uma tabela	5	
Interface — Web	Simples	Até 10 componentes	1	Componentes são: botões, ícones com ação e links.
	Média	De 10 a 20 componentes	3	
	Alta	Mais de 20 componentes	5	
Integração de Sistemas	Simples	Até 5 parâmetros de entrada/saída ou dois grids	3	Regras avançadas são fórmulas complexas envolvendo cálculos matemáticos ou estatísticos avançados.
	Média	De 6 até 15 parâmetros de entrada/saída	5	
	Alta	Acima de 15 parâmetros de entrada/saída	8	
Processamento	Simples	Leitura/gravação em até 2 tabelas	3	Regras avançadas são fórmulas complexas envolvendo cálculos matemáticos ou estatísticos avançados.
	Média	Leitura/gravação de 3 a 6 tabelas	5	
	Alta	Leitura/gravação em mais de 6 tabelas ou utilização de regras/fórmulas avançadas	8	
Relatórios	Simples	Listagem simples envolvendo até 3 tabelas	3	Relatórios elaborados precisam de tratamentos como totalização complexa e cálculos percentuais.
	Média	Relatórios mais elaborados ou formulários específicos	5	
	Alta	Relatórios envolvendo gráficos ou utilização de regras/fórmulas avançadas	8	Regras avançadas são fórmulas complexas envolvendo cálculos matemáticos ou estatísticos avançados.

Como um projeto possui diversos requisitos a serem desenvolvidos e, por meio do mesmo critério, conseguimos calcular o tamanho de cada um, é possível saber o tamanho do projeto, somando-se os tamanhos de todos os requisitos. Mesmo que tenhamos poucas informações a respeito de um requisito, podemos fazer uma estimativa grosseira e depois refinar.

Como exemplo de aplicação da estimativa, suponha que uma instituição bancária queira fazer um software para que os clientes possam acessar suas contas via aplicativo de celular.

Para fins de simplificação, suponha que as funcionalidades que o aplicativo deve ter são:

Projeto Aplicativo Móvel Bancário

- *Exibir saldo, últimos lançamentos e lançamentos futuros.*
- *Exibir extrato por período.*
- *Exibir extrato de um mês específico.*
- *Exibir extrato do cartão de crédito.*
- *Efetuar pagamento de conta de consumo.*
- *Efetuar pagamento de boleto de cobrança.*
- *Efetuar transferência entre contas do mesmo banco.*
- *Emitir DOCs.*

O cálculo do tamanho do projeto pode ser feito conforme o exemplo:

CÁLCULO DO TAMANHO DE CADA REQUISITO COM BASE EM CRITÉRIOS DEFINIDOS ANTERIORMENTE

ENTREGA	TIPO	COMPLEXIDADE	TAMANHO
Saldo, últimos lançamentos e lançamentos futuros.	Interface mobile	média	3
Extrato por período.	Interface mobile	média	3
Extrato de um mês específico.	Interface mobile	média	3
Extrato do cartão de crédito.	Interface mobile	simples	1
Pagamento de conta de consumo.	Processamento	simples	3
Pagamento de boleto de cobrança.	Processamento	simples	3
Transferência entre contas do mesmo banco.	Processamento	simples	3
DOCs.	Processamento	simples	3
TAMANHO TOTAL DO PROJETO			22

VEJA BEM!

Em engenharia de software, os Pontos de Função são muito usados para determinar os tamanhos de projetos. Nesse caso, existe uma regra internacional que determina como calcular um Ponto de Função. Este livro apresenta uma forma genérica de cálculo de tamanho (complexidade), que pode ser usada em qualquer projeto.

AGILE

No Scrum, u**ma das formas** de estimar tamanho é usar **Story Points**, que consiste em uma unidade de medida de tamanho. Os pontos são atribuídos usando-se os números da sequência de Fibonacci (1, 2, 3, 5, 8, 13, 21, 34, ...). Na **essência**, o cálculo dos story points segue a mesma lógica do cálculo do tamanho indicado anteriormente. Normalmente, eles atribuem pontos a uma história de usuário (requisito), comparando as complexidades entre as histórias.

Para exemplificar a estimativa usando Story Point, tome como exemplo a planta de uma casa que deve ser pintada[17]. Escolha um dos cômodos e atribua a ele um story point de referência. Por exemplo, pode-se atribuir 2 pontos ao banheiro. Depois, calcule os pontos dos outros cômodos, comparando com a complexidade em relação ao cômodo de referência. Dessa forma, os dois quartos e a cozinha podem ter 5 pontos e, à sala maior, podemos atribuir 8 pontos. Os pontos foram atribuídos segundo a ordem de Fibonacci. Nesse caso, para pintar toda casa, o total de pontos seria 2 + 5 + 5 + 5 + 8 = 25. Esse seria o tamanho total da casa, usando-se a unidade de medida Story Points.

[17] https://myagilemind.wordpress.com/2011/10/18/story-points-vs-development-hours/

 **VEJA BEM!**

Não está no escopo deste livro aprofundar nas técnicas de estimativa. Apenas dar uma visão e levantar questões importantes que devem ser consideradas durante o processo. A mensagem principal desta seção é: determine um critério para calcular o tamanho (complexidade) dos requisitos e entregas do projeto e use o mesmo critério para todos. Esse tamanho está relacionado ao escopo, independentemente dos recursos alocados para desenvolver o projeto.

ESTIMANDO ESFORÇO

Quando estamos estimando qualquer item durante o planejamento do projeto, é bom ter em mente que não adianta sofrer para ter uma estimativa muito precisa. A não ser que seu projeto seja roubar a coroa da rainha e você vai aproveitar as doze badaladas do relógio para entrar no museu sem ser ouvido. Nesse caso, é importante planejar o projeto no nível de segundos. Na grande maioria dos casos, a estimativa deve ser vista como algo não exato, porque realmente não é possível garantirmos precisão.

 **FIQUE ESPERTO!**

*No mundo ágil, é muito comum dizer que **estimativa** é diferente de **exatimativa**. Isso reforça que não devemos tratar estimativas como algo exato, porque realmente não são. As pessoas devem tomar ciência disso. Projetos têm como característica fundamental a incerteza. Essa característica já justifica o fato de estimativas não serem exatas. A boa gestão do projeto deve ser feita de forma a estimar com base nas informações que se tem em um determinado momento, e deixar essas informações registradas. À medida que o projeto progride, é possível obter mais informações sobre ele, e as estimativas podem ser refinadas.*

Outra coisa para se ter em mente é o seguinte: independentemente do método usado para estimar o esforço para desenvolver um requisito, sempre serão usadas referências históricas para se fazer a estimativa. Mesmo quando uma pessoa estima com base na sua experiência, ela está usando a sua referência histórica. Para usar referências históricas, os projetos precisam contar com registros de projetos semelhantes anteriores. Não precisa ser muito parecido; pode ser semelhante.

Se é a primeira vez que um projeto está sendo executado na sua empresa com o mínimo de formalização, então não haverá registro histórico nenhum em que se basear para fazer estimativas. Não sofra com isso. Use as melhores estimativas que puder e registre o esforço real, à medida que for desenvolvendo as entregas, para que seja possível usar essa informação no futuro.

Se já existir algum registro histórico passado, então sabe-se o total de esforço gasto no projeto. Se foi usado um método para estimar o tamanho do projeto, então é possível saber a produtividade para estimar o futuro.

Suponha que existam registros passados de um projeto similar ao projeto de Aplicativo Móvel Bancário que está sendo estimado atualmente. O tamanho do projeto anterior foi 40 pontos e demandou 1.600 horas de todos os recursos que trabalharam nele. Dessa forma, temos 1.600 horas / 40 pontos = 40 horas por ponto.

Vimos no exemplo do projeto de Aplicativo Móvel Bancário, que seu tamanho é 22 pontos. Para determinar o esforço total, basta multiplicar por 40 horas, pois foi a referência usada de um projeto similar anterior. Logo, o esforço total seria de 880 horas. Certamente, também é possível estimar o esforço de cada requisito individualmente, usando-se a mesma lógica.

CÁLCULO DO ESFORÇO EM HORAS PARA DESENVOLVER CADA REQUISITO DO PROJETO, USANDO O TAMANHO E A INFORMAÇÃO HISTÓRICA DE PRODUTIVIDADE.

ENTREGA	TAMANHO	ESFORÇO (HORAS)
Saldo, últimos lançamentos e lançamentos futuros.	3	120
Extrato por período.	3	120
Extrato de um mês específico.	3	120
Extrato do cartão de crédito.	1	40
Pagamento de conta de consumo.	3	120
Pagamento de boleto de cobrança.	3	120
Transferência entre contas do mesmo banco.	3	120
DOCs.	3	120

VEJA BEM!

Procure, sempre que possível, confrontar mais de um método de estimativa de esforço. Por exemplo, recorra a um especialista para saber se aquelas horas estimadas por um método qualquer estão dentro de uma faixa aceitável. Se o especialista discordar de algum valor e tiver justificativas convincentes para isso, use o valor sugerido por ele, caso você confie nele. Deixe, todavia, tudo registrado.

ESTIMANDO DURAÇÃO DE CADA ITEM DO PROJETO

Baseado no esforço em horas calculado, é possível estimar a duração de cada atividade, desde que se tenha a informação dos recursos alocados a ela.

Algo que já foi mencionado, mas vale reforçar, é que o esforço estimado para desenvolver um item do projeto não define o tempo (duração) para realizá-lo! A duração depende dos recursos a serem alocados ao item e suas disponibilidades. Dessa forma, cuidado ao assumir que as pessoas estarão disponíveis em tempo integral para o projeto! Se uma atividade demanda 40 horas e uma pessoa capacitada está inteiramente disponível para ela, então cinco dias úteis serão necessários. Por outro lado, se essa pessoa só estiver disponível para o projeto por meio dia, então o número de dias úteis necessários para concluir a atividade passará a ser dez.

ESTIMANDO DURAÇÃO DO PROJETO

Para estimar a duração do projeto todo, além de saber os recursos alocados às atividades, suas disponibilidades e produtividades, também é importante ter ciência da ordem em que elas podem ser desenvolvidas. Muitas vezes, somente a priorização das entregas não fornece informações suficientes sobre a relação de precedência entre elas. Por exemplo: se houver recursos suficientes e capacitados para que duas atividades sejam desenvolvidas em paralelo, é possível que isso seja feito? A resposta é: depende da natureza das atividades. Por exemplo, você não pode começar a construir um prédio sem ter os desenhos técnicos desenvolvidos. Existe uma relação de precedência obrigatória.

Basicamente, podemos estabelecer três relações de precedências mais comuns entre as entregas ou atividades do projeto:

RELAÇÃO DE PRECEDÊNCIA TIPO TÉRMINO-INÍCIO: *O início da sucessora está ligado ao término da predecessora. As fichas de avaliação só podem ser impressas depois que os nomes de todos os palestrantes forem inseridos nelas.*

> Inserir nomes de todos os palestrantes nas fichas de avaliação → Imprimir fichas de avaliação

RELAÇÃO DE PRECEDÊNCIA TIPO INÍCIO-INÍCIO: *O início da sucessora está ligado ao início da predecessora. A criação do layout das fichas de avaliação pode começar junto com a definição dos critérios de avaliação das palestras.*

> Definir critério de avaliações das palestras
> Criar layout das fichas de avaliação

RELAÇÃO DE PRECEDÊNCIA TIPO TÉRMINO-TÉRMINO: *O término da sucessora está ligado ao término da predecessora. As atividades do fornecedor do buffet só podem terminar após o término do coquetel de encerramento do Congresso.*

> Coquetel de encerramento do Congresso
> Atividades do fornecedor do buffet

Para completar a informação a respeito do prazo do projeto, precisamos saber os calendários do projeto e das pessoas, dias úteis e feriados. Isso porque estimar duração de um item do projeto em termos de dias úteis é bem diferente de estimar a duração total para desenvolvê-lo. Por exemplo, se uma semana tem o feriado de Natal na sexta-feira e recesso dia 24 de dezembro, então essa semana terá apenas três dias úteis para o projeto. Um item do projeto com cinco dias úteis de duração, que é iniciado na segunda-feira, dia 21 de dezembro, só será concluído na terça-feira da semana seguinte, dia 29 de dezembro!

DICA

Não se esqueça de considerar os períodos de férias das pessoas!

AS FASES, SPRINTS, ETAPAS

O desenvolvimento iterativo e incremental do projeto pressupõe detalhamento e desenvolvimento de pequenas entregas do projeto repetidas vezes, onde, a cada repetição, um incremento do projeto vai ficando pronto.

VEJA BEM!

A divisão do tempo do projeto em fases ou etapas é importante, principalmente para o monitoramento do projeto, que será abordado mais adiante neste livro.

Para que isso seja possível, é importante dividir o tempo do ciclo de vida do projeto em etapas, fases ou sprints (como denomina o Scrum). Uma fase é um "pedaço" de tempo, onde uma parte do projeto vai ser detalhada, desenvolvida e validada ao final. Os critérios usados para a divisão das fases do projeto não precisam ser rígidos. Elas podem ser divididas, por exemplo, de acordo com as entregas do escopo ou por tempo fixo.

RESULTADO

Depois dessa trilha cheia de detalhes para planejar o prazo do projeto, temos como resultados:

- As atividades, estimativas de duração e esforço, com base nos recursos alocados.
- As relações de precedência entre as atividades.
- Com base no calendário de dias úteis e feriados, um cronograma do projeto.

Assim como os outros itens planejados no projeto, o cronograma pode fazer parte de um único documento de planejamento do projeto, que ocorre progressivamente. Devido ao grande número de informações a serem levadas em consideração simultaneamente, é muito comum elaborar o cronograma usando uma ferramenta de software e, a partir do documento do plano do projeto, fazer um link com o cronograma.

	NOME DA TAREFA	DURAÇÃO	INÍCIO	TÉRMINO	PREDECESSORAS	NOME DOS RECURSOS
1	1) Projeto Casa de campo	129 dias	05/02/18	02/08/18		
2	1.1) Gerenciamento do projeto	117 dias	05/02/18	17/07/18		Fabig
7	1.2) Desenhos-projetos técnicos	14,5 dias	13/02/18	05/03/18		
8	Elaborar projeto de identificação visual	0,5 dias	13/02/18	13/02/18	5	Arquiteta
9	Elaborar projetos de arquitetura, civil e decoração	5 dias	13/02/18	20/02/18	8	Arquiteta
10	Elaborar projetos elétrico, dados, voz	3 dias	20/02/18	23/02/18	9	Arquiteta
11	Elaborar projeto hidráulico	4 dias	20/02/18	26/02/18	9	Arquiteta
12	Elaborar projeto de climatização	2 dias	20/02/18	22/02/18	9	Arquiteta
13	Desenhos (projetos) finalizados	0 dias	26/02/18	26/02/18	9;10;11;12	
14	Integrar e validar dos desenhos (projetos) técnicos	5 dias	26/02/18	05/03/18	13	Arquiteta
15	Desenhos (projetos) técnicos aprovados	0 dias	05/03/18	05/03/18	14	
16	1.3) Contratações e aquisições	15 dias	05/03/18	26/03/18		
17	1.3.1) Contratação dos executores	15 dias	05/03/18	26/03/18		Arquiteta
20	1.3.2) Aquisição dos móveis	7 dias	05/03/18	14/03/18		Compras
23	1.3.3) Aquisição dos equipamentos	7 dias	05/03/18	14/03/18		Compras
26	Contratações concluídas	0 dias	26/03/18	26/03/18	19;22	
27	1.4) Execução dos projetos	78 dias	26/03/18	12/07/18		
28	Executar projeto de arquitetura- civil	55 dias	26/03/18	11/06/18	19	Executor do projeto civil
29	Executar mudanças hidráulicas	10 dias	11/06/18	25/06/18	28	Executor do projeto hidráulico
30	Executar projetos elétrico, dados, voz	10 dias	11/06/18	25/06/18	28	Executor do projeto elétrico, dado e voz
31	Executar projeto de climatização	10 dias	25/06/18	09/07/18	30	Executor do projeto de climatização
32	Entrega fomal e validação das obras	3 dias	09/07/18	12/07/18	31;28;29;30	Arquiteta
33	Execução das obras finalizada	0 dias	12/07/18	12/07/18	32	
34	1.5) Ocupação da casa de campo	3 dias	12/07/18	17/07/18		
35	1.5.1) Móveis	2 dias	12/07/18	16/07/18		Arquiteta
38	1.5.2) Equipamentos e decoração	2 dias	13/07/18	17/07/18		Arquiteta
41	Ocupação da casa concluída	0 dias	17/07/18	17/07/18	37;40	
42	Entregar casa e realizar coquetel de inauguração	12 dias	18/07/18	02/08/18	41;6	Fabig
43	Projeto encerrado	0 dias	02/08/18	02/08/18	42	

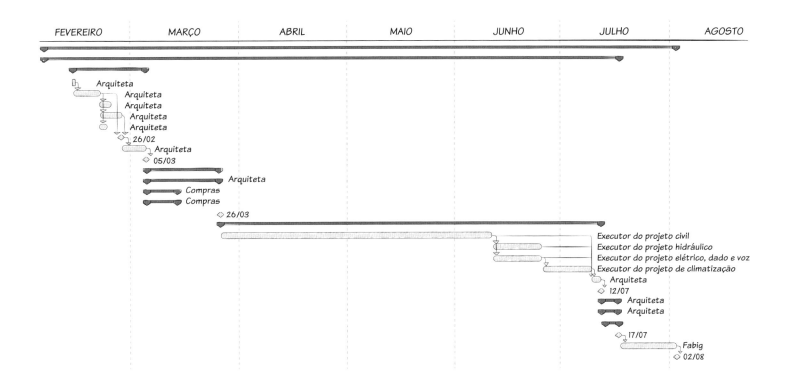

Capítulo 9 - Custos, contratações e aquisições: o que levar em consideração

Para muitos projetos, os custos e aquisições ficam sob a responsabilidade de uma ou mais áreas separadas da equipe de projetos. Para outros, a própria equipe estima e acompanha os custos detalhadamente.

Como já foi mencionado, o objetivo deste livro é apresentar, em linhas gerais, a dinâmica do gerenciamento de projetos, isto é, como ele acontece ao longo da vida do projeto. Nesse contexto, o maior foco deste livro está em questões relacionadas a requisitos, escopo, recursos, prazos, riscos, stakeholders e comunicação. É importante, porém, mencionar alguns aspectos relacionados a custos e aquisições, que não podem ser esquecidos.

Pessoas e dedicação ao projeto

Em alguns projetos, as aquisições e contratações são os itens que mais contribuem com os custos. Em outros, o maior custo está associado às horas gastas pela equipe para desenvolver todo o escopo. Este é o caso de projetos de serviços, por exemplo.

Independentemente de quais itens contribuem mais para os custos do projeto, é importante levar em consideração os custos associados às horas gastas com pessoal. Muitos se surpreendem com a quantidade de horas totais que são dedicadas aos projetos. Tomar ciência dessa informação nos ajuda muito a refletir sobre como reduzir os desperdícios de horas em projetos. Você já parou para pensar em como podemos desperdiçar esforços em projetos?

Quando nosso trabalho é interrompido devido a novas priorizações, gastamos um tempo extra para resgatar a atividade que foi paralisada.

Devido à pressa e à falta de planejamento sobre como organizar todo conhecimento explícito gerado pelo projeto — planos, relatórios, cronogramas, registros diversos —, gastamos muito tempo procurando essas informações, que não foram armazenadas de forma apropriada.

Outro problema gerado pela falta de planejamento e armazenamento correto de artefatos gerados pelo projeto é o uso de versões erradas de documentos. Isso pode acarretar muito retrabalho para o projeto, pois, se usamos a versão antiga de um documento para produzir uma entrega, por exemplo, corremos o risco da entrega estar errada e ela ter que ser refeita.

Você já passou pela experiência de ter que pedir repetidamente as mesmas coisas para algumas pessoas? Ou seja, a falta de organização ou foco de alguns acaba nos prejudicando, pois gastamos esforço extra para conseguir o que precisamos.

Além do tempo perdido procurando informações geradas por nós mesmos e armazenadas incorretamente, não podemos deixar de considerar o tempo que gastamos esperando aprovações, conclusões de trabalhos, documentos e informações de outras pessoas.

Durante a execução, temos a impressão de que o projeto vira uma máquina de produzir pendências a serem resolvidas. Uma prática comum consiste no registro dessas pendências, bem como da atribuição às pessoas designadas para resolvê-las. O desperdício ocorre quando temos que verificar constantemente as pendências de outras pessoas! Como se não bastasse as nossas próprias para resolver!

Algo que também pode desperdiçar o tempo e esforço do projeto é usar pessoas com competências inapropriadas para realizar determinadas atividades. Se as pessoas estão menos preparadas do que se espera, o trabalho executado por elas pode ter qualidade baixa ou gerar resultados errados. Dessa forma, um esforço duplicado é gasto para refazer o que saiu errado.

Em muitas ocasiões, devido a informações incompletas, tomamos decisões erradas, gerando retrabalho para revê-las e providenciar correções.

NA REAL

Certa vez, eu estava participando da organização de um Congresso e nos enviaram um e-mail com diversas opções de brindes para dar aos palestrantes. Nós tínhamos que votar e escolher o brinde. Diversos e-mails foram trocados com votos, análises e opiniões. Após um grande esforço, nos foi informado que existia um teto máximo relacionado ao custo do brinde. Ora, por que essa informação não foi fornecida antes? Eliminaria pelo menos metade dos e-mails trocados! Além disso, poderiam ter sido usadas melhores maneiras de se fazer uma votação, em vez de trocas intermináveis de e-mails. Essa situação levou a um gasto de tempo e esforço desnecessário. O pior é que este tipo de desperdício as pessoas não enxergam com facilidade!

Considerando a importância de registrar o esforço gasto nas atividades do projeto, existem duas abordagens mais simples:

- Na primeira abordagem, as pessoas informam as horas gastas em cada entrega produzida ou atividade realizada. O custo da pessoa é calculado multiplicando-se o total de horas gasto pelo custo da hora desta pessoa para a empresa.
- Na segunda abordagem, o custo de uma pessoa é calculado mensalmente e distribuído nos projetos em que ela está alocada. Essa forma de cálculo é mais fácil, mas esconde informações relacionadas a quais atividades custam mais ao projeto.

Se as condições do projeto oferecerem oportunidade, opte pelo registro do esforço gasto em cada atividade ou entrega. Não precisa ser um registro absolutamente fidedigno: algum registro, mesmo com margem de erro, é melhor que nenhum!

A não ser que o número de horas de trabalho dos recursos humanos dedicados ao projeto seja insignificante perto de outros custos, vale a pena registrar!

NA REAL

Conheci uma empresa que oferecia serviços de consultoria para a área de mineração. Todos os contratos firmados com as mineradoras eram calculados com base nas horas demandadas para os serviços de consultoria. A empresa, porém, não tinha o hábito de registrar as horas realmente realizadas em cada projeto. O maior impedimento estava na cultura da empresa e na resistência dos consultores em fazer os registros. Nesse caso, o líder do PMO decidiu implantar um aplicativo de celular e cadastrar apenas as fases de cada projeto. As pessoas começaram a lançar as horas gastas em cada fase, em vez de lançar horas para cada atividade. Esse método, apesar de menos preciso, ajudou muito o PMO a analisar os esforços realmente gastos em cada projeto, comparar com os planos e verificar se os projetos estavam trazendo o retorno financeiro esperado! Moral da história: feito é melhor que perfeito[19]! Alguma informação sobre o realizado é melhor que nenhuma!

[19] Um dos lemas do Facebook.

INSUMOS E MATERIAIS DO PROJETO

É comum as empresas adquirirem insumos, serviços e materiais, que são divididos entre todas as iniciativas da organização. Por exemplo: os telefonemas da empresa são computados como custos específicos de um projeto ou são custos administrativos? O mesmo acontece para a impressão de documentos e outros itens.

Devido a isso, muitas vezes, são computados como custos apenas insumos, materiais e serviços adquiridos especificamente para o projeto:

- Viagens
- Compras de commodities a serem usadas no projeto: máquinas, equipamentos, insumos.
- Contratação de serviços usados apenas no projeto.

No momento de planejar um projeto, a política sobre quais custos devem ser considerados no planejamento deve estar clara para todos e todos os projetos devem seguir as mesmas regras.

CONTRATAÇÕES GERAIS DE SERVIÇOS

No Brasil, é muito usual as contratações de serviços serem do tipo preço fechado. Isso significa que o escopo do trabalho a ser realizado é informado previamente ao fornecedor, e ele cobra um preço fixo por isso. Para calcular esse preço, o fornecedor leva em consideração o grau de detalhe fornecido sobre o escopo a ser desenvolvido. Isso é importante porque, caso o serviço seja fechado com o fornecedor, ele deverá planejar e monitorar esse serviço como um projeto. Da mesma forma que preferimos e precisamos ter todas as informações para planejar nossos projetos com menor margem de erros, os fornecedores também precisam de informações com maior nível de detalhe possível.

O que acontece se um fornecedor não receber o escopo do seu serviço com nível de detalhe suficiente para elaborar uma proposta? Bem, nesse caso, ele deverá incluir uma margem referente aos riscos. Quanto maior é a incerteza em relação ao escopo do serviço, maior a margem acrescentada pelos fornecedores para cobrir os riscos que podem se concretizar no futuro. Como, em geral, os contratos são de preço fixo para um escopo fechado, a tendência é que os contratos fiquem mais caros.

Devido a essas questões, nesses casos de contratações por preço fixo e escopo fechado, é absolutamente relevante que se especifique todo o escopo do subproduto ou do serviço que o fornecedor deverá prestar. Isso é importante para que ele possa fazer suas estimativas com o menor risco possível e a relação entre vocês seja pautada pela transparência.

O que fazer se não for possível determinar o escopo do fornecedor em um nível de detalhe suficiente para reduzir os riscos? Bem, nesse caso, a sugestão é dividir o serviço em duas partes:

- Inicialmente, pode-se usar um contrato parecido com "time and material", para que o fornecedor faça um levantamento detalhado do serviço necessário. Ou seja, contratam-se horas do fornecedor e o contrato baseia-se no custo por hora. Esse tipo de contrato é comumente usado em fornecedores de software, apenas para a etapa de levantamento de requisitos. Um número de horas fixo, com alguma flexibilidade de alterações, pode ser determinado para que o serviço seja cumprido. Nesse tipo de contrato, é comum fazer um acompanhamento do trabalho do fornecedor. Normalmente, contratos desse tipo são usados para valores reduzidos, principalmente quando não é possível determinar o escopo do serviço em um nível de detalhe adequado.

- Após detalhar o escopo do serviço a ser realizado, por meio do primeiro contrato firmado com o fornecedor, a segunda parte do serviço poderá ser contratada usando-se o contrato de preço fixo. A vantagem é que o serviço a ser prestado estará detalhado!

 **VEJA BEM!**

É muito comum, no Brasil, empresas adotarem práticas de negociação, de forma que a contratação do fornecedor ocorra por um preço muito baixo, comparado com o mercado. Muitas vezes, os fornecedores aceitam esse tipo de prática para terem a oportunidade de "entrar" no cliente. Quando, porém, se contrata por um preço incompatível com o serviço desejado, é comum que o fornecedor tente reduzir o escopo ou reduzir a qualidade do serviço prestado, de forma que não tenha prejuízo. Isso pode ser feito por meio de alocação de pessoas menos qualificadas para realizar os serviços, por exemplo.

Esse tipo de situação gera um desgaste muito grande entre cliente e fornecedor. O maior prejudicado acaba sendo o projeto.

Dessa forma, em contratações de serviços de fornecedores externos, é importante fazer um benchmarking de mercado, de forma a se conhecer preços praticados de acordo com o nível de serviço desejado. Querer tornar o projeto mais barato reduzindo o preço do fornecedor ao menor nível possível pode ser um tiro no pé.

Não se esqueça de uma máxima usada na contratação de fornecedores: não existe almoço grátis! Não procure contratar apenas pelo menor preço. Você não faz isso quando vai comprar a televisão da sua casa ou seu carro ou seu tênis de corrida. Sempre levamos em conta o melhor preço, mas dentro da qualidade desejada do serviço prestado!

Capítulo 10 - Riscos: como lidar com incertezas?

NA REAL

Imagine a seguinte situação: você gosta muito de música e boa comida, e tem a oportunidade de assistir a um evento, que mistura gastronomia e shows com seus cantores preferidos. Esse evento fica a 50 quilômetros da sua casa e você tem que decidir qual é a melhor solução de transporte. Você vai acompanhado e gostaria de ir de carro. O valor do estacionamento no local é R$40. O problema de ir de carro é que você não poderia beber e o show seria 60% menos interessante, já que você não poderia assistir tomando aquela cerveja gelada. Como você não bebe muito e detesta se embriagar, poderia correr o risco de ir de carro mesmo assim. Saberia que, na volta, teria condições de dirigir, mas se fosse pego no bafômetro, as consequências seriam graves, com pagamento de multa astronômica, retenção da carteira e até mesmo detenção. Você tem a possibilidade de ir de van com outras pessoas. O preço é R$25 por pessoa e você ficaria livre do problema da bebida. A van, no entanto, limita sua liberdade, pois você não poderia voltar no horário que quisesse. Existe a possibilidade de contratar um conhecido, que faz serviço de motorista particular. O preço dele, porém, é R$150, ida e volta, para o casal. Ele ficaria à sua disposição o tempo todo.

A história acima mostra que existem várias decisões quanto a ir ao evento gastronômico musical. Cada decisão tem um preço e riscos em jogo. Talvez, a decisão mais segura, que te permitiria curtir o momento ao máximo, sem consequências para sua segurança e seu bolso, fosse contratar o motorista particular, mas você teria que pagar um valor alto, e antecipado, para tentar garantir que tudo correria bem.

Quando falamos de risco em projetos, estamos falando de incertezas. Muitas pessoas associam riscos apenas a ameaças. Risco não é ameaça. **Risco é incerteza**, é algo que pode ou não acontecer. Existe o risco de o policial me parar na blitz, quando eu estiver dirigindo depois de beber. Não sei ao certo se vou ser parado; é uma possibilidade. Caso o risco se concretize, ele pode ter consequências positivas ou negativas (obviamente, no caso da blitz policial, as consequências serão negativas). Os riscos com consequências negativas são chamados de **ameaças**. Em projetos, os riscos com consequências positivas são chamados de **oportunidades**.

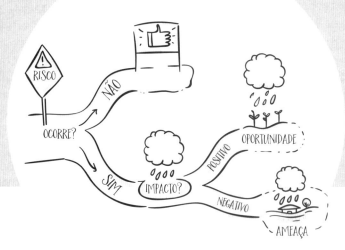

> **DICA**
>
> Não confunda riscos com problemas. Problemas em projetos surgem o tempo todo. São questões que devemos resolver para que o projeto continue fluindo até o término. São coisas que já aconteceram. Problemas podem ser vistos como riscos (do tipo ameaça) que já foram concretizados. Problema em projeto é igual a mosquito — você mata um e logo vêm uns vinte para o enterro.

Todos os projetos têm incertezas. Logo, todos os projetos possuem riscos. Alguns projetos possuem mais riscos que outros e isso depende de vários fatores, como a complexidade do projeto, a quantidade de pessoas e fornecedores envolvidos, a tecnologia envolvida, o grau de experiência da equipe, dentre tantos outros. Um projeto de construção de uma siderurgia certamente possui uma quantidade de riscos muito superior a um projeto de construção de uma casa de campo por uma equipe superexperiente, em um terreno sem restrições.

Os riscos podem ter uma ou mais causas. Se o risco ocorrer, pode gerar um ou mais efeitos.

Dessa forma, é importante compreendermos os riscos em termos dos seus componentes:

- Evento do risco, que é composto da causa e do efeito.
- Probabilidade que esse evento ocorra.
- Impacto ou valor em jogo, caso esse evento ocorra.

Existem outras informações, que também podem ser pertinentes sobre os riscos. Por exemplo: existe um momento do projeto em que a probabilidade do risco ocorrer é mais alta e, depois, ele poderá ser fechado? No caso do Congresso de Gestão Descomplicada, o risco do principal keynote não comparecer, devido ao cancelamento do voo, acontece no início do evento. Passado esse momento, esse risco pode ser fechado.

Preste atenção na mensagem passada pela imagem da pessoa atravessando um riacho com correnteza. No quadrante 1, a probabilidade da pessoa cair no riacho é alta, pois o riacho é largo, mas, como ele é muito raso e com pouca correnteza, o impacto é baixo. No quadrante 2, a probabilidade de cair no riacho é baixa, pois ele é estreito, e o impacto também é baixo. No terceiro quadrante, a probabilidade de cair no riacho também é baixa, mas, caso ele caia, o impacto será alto, pois, neste caso, o riacho é muito fundo, com grande correnteza. O quadrante 4 mostra que tanto a probabilidade de cair no riacho quanto o impacto — caso a pessoa caia — são altos. O exemplo ilustra bem que é sempre necessário pensar nos riscos, tanto em termos de probabilidade quanto em termos dos impactos gerados.

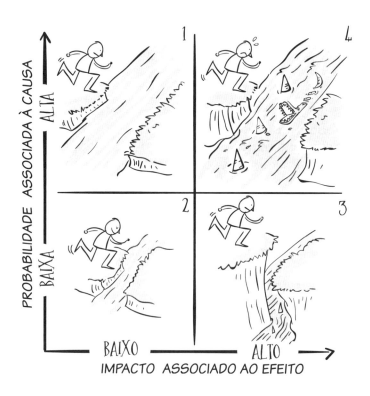

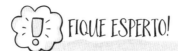 **FIQUE ESPERTO!**

Como já destacado, risco é incerteza. Riscos desconhecidos são aqueles que não conseguimos nem prever que podem acontecer. Riscos conhecidos são aquelas incertezas que conhecemos, temos alguma informação sobre elas e podemos agir proativamente para gerenciá-las.

ESPECTRO DO GERENCIAMENTO DOS RISCOS

Quando não temos absolutamente nenhuma informação, ou seja, não sabemos que não sabemos, é total incerteza.

Quando temos uma informação parcial a respeito de um acontecimento, não temos certeza – existe a possibilidade de acontecer ou não.

Quando temos absoluta certeza de que algo deve acontecer no projeto, não se trata de um risco, é algo conhecido e deve ser planejado.

RISCOS DESCONHECIDOS | RISCOS CONHECIDOS | CONHECIDOS

 **POR QUÊ?** Lidar com riscos em projetos significa identificar as possíveis incertezas e tentar controlá-las antes que elas aconteçam. Ou seja, lidar de forma estruturada com incertezas. É importante ter em mente, que gerenciar riscos se trata de saber lidar com um conjunto de informações, para que se possa tomar melhores decisões. A decisão, porém, continua sendo nossa! Muitas vezes, tomamos as decisões hoje, no presente, e os efeitos dessas decisões serão vistos somente no futuro.

Veja que, diante do mesmo conjunto de informações, não existe resposta única. Pessoas diferentes, perante a mesma situação de incerteza, podem tomar ações diferentes. Por exemplo, no caso do evento musical gastronômico, certamente eu pagaria R$150 pelo motorista particular, para eliminar o risco de ser pego por policiais, na volta do evento, depois de beber, além do risco de provocar acidentes. Tenho muito amigos, porém, que arriscariam ir de carro e pagar apenas R$40 de estacionamento. Se fossem pegos, pagariam mais de R$1.000 de multa. Além disso, esta opção os deixaria expostos a outras consequências graves, como acidentes. Independentemente da decisão a ser tomada, devemos ter a consciência de que o ambiente de projetos é um ambiente de incertezas. Se quisermos ter algum domínio sobre os acontecimentos futuros, devemos exercitar prevê-los.

O problema é que estamos tão acostumados, especialmente no Brasil, com o hábito de apenas resolver problemas, que temos dificuldade em focar nossos esforços em uma postura proativa para preveni-los. A gestão de riscos nos ajuda a tomar decisões antecipadas mais conscientes das consequências dessas decisões. Ou seja, nos direciona a ter um plano preparado, antes que os riscos se concretizem.

Quando temos essa postura proativa, conseguimos reduzir e até mesmo eliminar muitos problemas futuros em projetos, como é o caso das ameaças. Isso significa que conseguimos economizar tempo e dinheiro! No caso de riscos positivos, temos a oportunidade de identificá-los e criar condições para que eles aconteçam, oferecendo perspectivas positivas ao projeto.

VEJA BEM!

O gerenciamento dos riscos não diz o que devemos ou não fazer, mas nos ajuda a levantar informações para tomarmos as melhores decisões dentro das restrições que temos no projeto.

Uma das vantagens do gerenciamento dos riscos é prover informações mais claras, que nos dão subsídios para a tomada de ações perante o risco. Dessa forma, ações que exigem mais esforços deveriam ser proporcionais à sua gravidade e à probabilidade do evento acontecer. Independentemente disso, porém, as pessoas têm diferentes graus de atração ou exposição aos riscos. Algumas são avessas a qualquer tipo de risco e criam mecanismos de defesa excessivos. Outras fazem de tudo para aumentar sua exposição ao risco; gostam de correr riscos. Certamente, a maioria das pessoas não faz parte de um ou outro grupo, mas sim está no meio dessa escala. Dependendo do projeto, de aspectos culturais ou do contexto, as pessoas podem migrar dentro dessa escala do perfil de pessoas em relação às atitudes que tomam frente aos riscos. Por isso, não podemos deixar o processo de gerenciamento de riscos nas mãos de poucas pessoas, pois essas características pessoais influenciarão os resultados.

DICA

Lembre-se: bom senso, todos, sem exceção, acham que possuem!

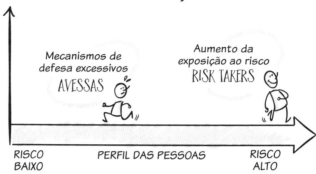

 COMO? É importante lembrar que este livro não se dedica a explorar o gerenciamento de riscos em profundidade. Saber lidar com riscos é essencial ao gerenciamento de projetos e o propósito do livro é apresentar o modus operandi da gestão do projeto, ao longo da vida dele, de forma geral. Assim, vou procurar explorar apenas o que considero mais relevante, no que diz respeito a riscos.

 O **primeiro passo** para planejar os riscos de um projeto é saber identificá-los adequadamente. A identificação dos riscos pode começar logo na iniciação do projeto e ser complementada a qualquer momento. É importante lembrar que a identificação dos riscos só estará completa depois que o escopo do projeto estiver completo.

A lista de riscos deve ser registrada, indicando os dois componentes principais de cada risco — **a Causa e o Efeito.**

EXEMPLO SIMPLIFICADO — LISTA DE RISCOS DO CONGRESSO DE GESTÃO DESCOMPLICADA

CAUSA	EFEITO
Não instruir o palestrante sobre as condições de tráfego	Palestrante atrasar para sua palestra
Comunicação ineficiente do palestrante	Palestrante não enviar documentação/apresentação
Gráfica não cumprir o prazo para imprimir identificação visual	Atraso na entrega do material de divulgação
Quantidade de lanche x quantidade de inscritos insuficiente	Coffee Break insuficiente para a quantidade de pessoas
Palestrante mal orientado sobre o evento	Palestrante confundir a data/horário/local da palestra
Engarrafamento nas vias de acesso ao Congresso	Atraso dos participantes e formação de fila para credenciamento
Desconhecimento do manual de marcas (Designer inexperiente)	Aplicação incorreta da identidade visual dos patrocinadores nos diferentes meios de comunicação
Falta de clareza da informação que deseja ser transmitida relacionada ao meio utilizado	Textos de divulgação incompatíveis com o meio utilizado
Falta de planejamento do espaço	Stands mal dimensionados

DICA

Fontes de riscos são fatores que podem ser, cada um deles, geradores de diversos riscos em projetos. Se tivermos acesso a fontes comuns de riscos no ambiente onde o projeto é executado, será mais fácil lembrar dos possíveis riscos dos projetos.

 **FIQUE ESPERTO!**

Todos os riscos que podem afetar significativamente o projeto devem ser identificados e todos os stakeholders podem ser envolvidos nesse trabalho de identificação, pois as pessoas possuem informações e pontos de vista diferentes acerca do projeto.

Dependendo do projeto, a lista de riscos pode ficar absurdamente grande. Tenho um colega de trabalho, especialista em riscos, que foi designado para levantar os riscos de um projeto de implantação de uma nova siderúrgica na África do Sul. Ao final de três dias trabalhando apenas com riscos, levantou mais de 3.500!

Não teremos condições de cuidar de todos eles. O que fazer então? Priorizamos os mais importantes. Como definir os mais importantes? Existem riscos em que a probabilidade de ocorrer é altíssima, mas o impacto é muito baixo. Há outros que causariam impacto muito negativo caso ocorressem, mas têm chances mínimas de acontecer. Por outro lado, muitos riscos têm chances de ocorrer medianas, bem como impactos variados. Para determinar a prioridade de um risco com base nesses fatores, criamos uma escala qualitativa para cada um desses dois critérios.

Temos assim o **segundo passo** para planejar os riscos de um projeto, que consiste na Análise Qualitativa. Essa análise consiste em atribuir valores às probabilidades dos riscos ocorrerem, bem como aos impactos dos riscos, de forma que a combinação desses dois valores, para cada risco, possa ser usada para estabelecer a prioridade dele. Essa análise serve para classificar os riscos em ordem de importância relativa e balizar o processo de tomada de decisão em relação a eles.

MATRIZ DE PROBABILIDADE E IMPACTO DOS RISCOS

Prob.	Ameaças					Oportunidades				
5	5	10	15	20	25	25	20	15	10	5
4	4	8	12	16	20	20	16	12	8	4
3	3	6	9	12	15	15	12	9	6	3
2	2	4	6	8	10	10	8	6	4	2
1	1	2	3	4	5	5	4	3	2	1
	1	2	3	4	5	5	4	3	2	1

Impacto

Para realizar a Análise Qualitativa, uma escala de probabilidade e de impacto deve ser criada. Isso quer dizer que devemos estabelecer critérios para determinar quais valores atribuir tanto à probabilidade quanto ao impacto de cada risco. Você pode atribuir os valores que desejar à escala de probabilidade e impacto. Para fins de exemplo, neste livro, é usada a escala de 1 a 5, tanto para probabilidade quanto para impacto.

EXEMPLO DE DEFINIÇÃO DA ESCALA DE PROBABILIDADE E IMPACTO DE RISCOS

PROBABILIDADE	
1	A probabilidade do risco ocorrer é muito baixa.
2	A probabilidade do risco ocorrer é menor que a probabilidade do risco não ocorrer.
3	A probabilidade do risco ocorrer é igual à probabilidade do risco não ocorrer.
4	A probabilidade do risco ocorrer é maior que a probabilidade do risco não ocorrer.
5	A probabilidade do risco ocorrer é muito alta.

IMPACTO	
1	O impacto do risco é muito pouco significativo.
2	O impacto do risco não é muito relevante.
3	O impacto do risco é mediano.
4	O impacto do risco é bem relevante.
5	O impacto do risco é muito alto.

O resultado da multiplicação da probabilidade e do impacto fornece o **grau de exposição** de cada risco. Os valores de grau de exposição acima de 10 indicam riscos com alta severidade. Para esses riscos, talvez seja importante dedicar esforços para planejar ações preventivas — ações para reduzir os riscos ou até mesmo eliminá-los, caso os riscos sejam ameaças. Se os riscos forem oportunidades, esforços para explorar estes riscos podem ser pensados.

Os valores de grau de exposição entre 5 e 8 indicam riscos de severidade média. Talvez, para esses riscos, não seja necessário dedicar esforços com ações preventivas, mas pode ser pertinente planejar ações de contingência — para serem tomadas caso o risco aconteça. Os riscos com grau de exposição abaixo que 5 têm pouca relevância e talvez não necessitem de ações de tratamento planejadas.

Usando o exemplo do Congresso de Gestão Simplificada, apresentamos uma lista de riscos do tipo ameaça e usamos a escala de 1 a 5 para determinar as prioridades dos riscos.

EXEMPLO DE LEVANTAMENTO E ANÁLISE DE RISCOS

	CAUSA	EFEITO	PROBABILIDADE	IMPACTO	GRAU DE EXPOSIÇÃO
A	Não instruir o palestrante sobre as condições de tráfego	Palestrante atrasar para sua palestra	4	5	20
B	Comunicação ineficiente do palestrante	Palestrante não enviar documentação/ apresentação	3	5	15
C	Gráfica não cumprir o prazo para imprimir identificação visual	Atraso na entrega do material de divulgação	4	3	12
D	Quantidade de lanche x quantidade de inscritos insuficiente	Coffee Break insuficiente para a quantidade de pessoas	2	5	10
E	Palestrante mal orientado sobre o evento	Palestrante confundir a data/horário/local da palestra	2	5	10

F	Engarrafamento nas vias de acesso ao Congresso	Atraso dos participantes e formação de fila para credenciamento	3	3	9
G	Desconhecimento do manual de marcas (Designer inexperiente)	Aplicação incorreta da identidade visual dos patrocinadores nos diferentes meios de comunicação	2	4	8
H	Falta de clareza da informação que deseja ser transmitida relacionada ao meio utilizado	Textos de divulgação incompatíveis com o meio utilizado	2	3	6
I	Falta de planejamento do espaço	Stands mal dimensionados	2	2	4

Outra forma de visualizar os riscos do projeto é plotá-los na matriz de riscos. Essa forma de exibição permite identificar onde os riscos estão concentrados e ter uma noção qualitativa do grau de exposição geral do projeto. O exemplo do Congresso de Gestão Descomplicada mostra um projeto onde a maior parte dos riscos está plotada em uma região de alto grau de exposição.

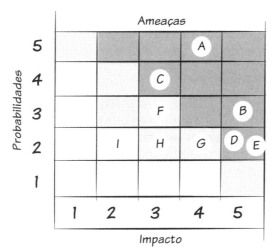

MATRIZ DE PROBABILIDADE E IMPACTO COM RISCOS PLOTADOS

A) Palestrante atrasar para sua palestra

B) Palestrante não enviar documentação/apresentação

C) Atraso na entrega do material de divulgação

D) Coffee Break insuficiente para a quantidade de pessoas

E) Palestrante confundir a data/horário/local da palestra

F) Atraso dos participantes e formação de fila para credenciamento

G) Aplicação incorreta da identidade visual dos patrocinadores nos diferentes meios de comunicação

H) Textos de divulgação incompatíveis com o meio utilizado

I) Stands mal dimensionados

A identificação e priorização dos riscos do projeto dão uma maior clareza e ajudam a equipe do projeto a ficar alerta para as incertezas. Com essas informações em mãos, já é possível, durante o monitoramento do projeto, verificar se novos riscos foram identificados, fechar riscos que não têm mais chance de acontecer, identificar se existem riscos prestes a acontecer e adotar ações preventivas — no caso de ameaças — ou exploratórias — no caso de oportunidades. Ou seja, esses dois passos do planejamento de riscos já permitem melhorar a maturidade da gestão do projeto.

A **análise quantitativa** consiste em analisar **numericamente** o efeito dos riscos identificados nos resultados do projeto. Para realizar a análise quantitativa, são necessários números reais a respeito da probabilidade e impacto gerado pelos riscos em projetos similares anteriores. Normalmente, as empresas iniciam a gestão de riscos sem números e só começam a fazer análise quantitativa depois de um tempo, para que seja possível ter números gerados e armazenados em dados históricos. A análise quantitativa não precisa ser feita para todos os riscos. Pode-se selecionar aqueles riscos com maior grau de exposição para que seja feita uma análise mais detalhada. Os riscos selecionados para a análise quantitativa são aqueles que devem ser monitorados de perto, e isso demanda tempo e dinheiro. Muitas vezes, as empresas até gostariam de monitorá-los, mas não têm recursos para isso.

Para os propósitos deste livro, vou desconsiderar a análise quantitativa de riscos e incluir, como **terceiro passo** para planejar os riscos do projeto, a determinação de **respostas aos riscos**. A determinação de respostas procura estabelecer **ações planejadas para aumentar as oportunidades e reduzir as ameaças ao projeto**. Ou seja, para cada risco, deve ser feita a pergunta: qual a melhor estratégia para lidar com esse risco? É importante ter em mente que as respostas planejadas devem ser oportunas — o esforço de cada resposta deve ser apropriado para o grau de exposição do risco. Uma única resposta pode ser usada para lidar com vários riscos e mais de uma resposta pode ser usada para lidar com um único risco.

 **FIQUE ESPERTO!**

*Lembre-se de que as respostas planejadas para os riscos podem ter custo e devem, **obrigatoriamente**, alterar a probabilidade e/ou impacto, gerando um novo valor esperado para o risco. De que adianta gastar energia com as respostas, se elas não terão utilidade?*

Ao planejar uma reação a um risco, seja coerente! O custo é compatível com o efeito provocado pela resposta planejada?

 **NA REAL**

Para quem se lembra dos Jogos Olímpicos de Pequim, a cerimônia de abertura aconteceu em 08 de agosto de 2008, e estatísticas históricas indicavam que a chance de chuvas no dia era de 41%. A chuva, durante essa cerimônia, era altamente indesejada pela organização do evento. O escritório de Engenharia Climática de Pequim, subordinado ao Departamento Municipal de Meteorologia, foi encarregado de fazer uma modificação climática para evitar que a festa fosse estragada pela tempestade!

Para atingir o objetivo de evitar a chuva das 8h às 11:30h do dia 08 de agosto de 2008, 26 estações de controle foram construídas nas províncias adjacentes e nos subúrbios de Beijing para dispersar as nuvens ou adiar o movimento delas. A técnica para dispersar as nuvens foi desenvolvida nos Estados Unidos e consistia em lançar foguetes ou despejar, a partir de aviões, bombas de partículas de iodeto de prata no céu.

> [18] http://noticias.bol.uol.com.br/esporte/2008/07/28/ult3841u2892.jhtm

> Uma bomba de iodeto de prata custava, na época, cerca de US$12,75 e o custo de um foguete era US$290. Cerca de 100 bombas ou quatro foguetes foram usados em cada uma das várias missões, de acordo com especialistas[18].
>
> A cerimônia foi realizada sem que a chuva atrapalhasse a festa, embora ocorresse com forte umidade e calor. A pergunta é: valeu a pena? Para a China, um país rico que não mediu esforço e investimento com o intuito de fazer jogos olímpicos inesquecíveis, com certeza valeu.

Quais são os tipos de **resposta mais comuns** para **prevenir** riscos de projetos? Para o caso de riscos do tipo **ameaça**, as principais respostas que podemos adotar são:

> - **EVITAR:** elimina a ameaça, eliminando a causa, ou seja, fazendo com que a probabilidade do risco seja zero. Em geral, esse tipo de resposta impacta outros fatores no plano do projeto. Por exemplo, para evitar que um palestrante do Congresso se atrase, devido a atraso do voo, uma resposta possível seria não contratar palestrante de fora da cidade. Em geral, respostas do tipo Evitar são usadas em riscos com alto grau de exposição.

> - **TRANSFERIR:** transfere a responsabilidade pelo risco para outra parte, mas não elimina o risco. A probabilidade e o impacto do risco continuam existindo, porém outro responsável é atribuído ao risco. Por exemplo, contratação de seguro para um determinado serviço.

> **• MITIGAR:** consiste de ação para reduzir o impacto ou a causa da ameaça, sem eliminá-la. Às vezes, ações para evitar uma ameaça podem ser muito caras. Por isso, opta-se pela mitigação.

> **• ACEITAR:** consiste de não planejar resposta nenhuma. Esse tipo de resposta é usado quando a probabilidade de ocorrência é baixa, bem como seu impacto, ou quando não há nada que se possa fazer.

Para o caso de riscos do tipo **oportunidade**, é possível **explorar** o risco para garantir que ocorra, **melhorar** o risco para aumentar a probabilidade e/ou impacto ou **compartilhar** a oportunidade com outras partes.

Quando não conseguimos prevenir um risco, ou quando as ações de prevenção não forem suficientes, adotamos ações de **contingência**. As **respostas de contingência** para riscos são aquelas que, planejadas no presente, somente são usadas se certos eventos ocorrerem. Ou seja, só vamos gastar esforço executando as ações, caso os riscos ocorram, mas é importante planejar no presente para que reservas financeiras possam ser planejadas. Gatilhos que acionam as respostas de contingência devem ser definidos e acompanhados.

No exemplo do Congresso de Gestão Descomplicada, para cada risco, foi elaborada uma resposta de mitigação e uma resposta de contingência.

EXEMPLO SIMPLIFICADO DA MATRIZ DE RISCOS COM PLANOS DE RESPOSTA

	CAUSA	EFEITO	MITIGAÇÃO	CONTINGÊNCIA
A	Não instruir o palestrante sobre as condições de tráfego	Palestrante atrasar para sua palestra	Comunicar ao palestrante informações importantes para o evento com antecedência	Se tempo superior a 5 minutos, substituir palestrante conforme reserva
B	Comunicação ineficiente do palestrante	Palestrante não enviar documentação/ apresentação	Estipular prazos e, se não cumpridos, acionar um plano B	Desmarcar com o palestrante e acionar trabalho técnico ou palestra reserva
C	Gráfica não cumprir o prazo para imprimir identificação visual	Atraso na entrega do material de divulgação	Enviar o serviço com o máximo de antecedência possível e/ou estabelecer uma data antes da real necessidade	Cobrar insistentemente a entrega no prazo; propor mudanças no orçamento
D	Quantidade de lanche x quantidade de inscritos insuficiente	Coffee Break insuficiente para a quantidade de pessoas	Verificar com o hotel a possibilidade de atender a uma demanda emergencial	Contratar uma quantidade maior
E	Palestrante mal orientado sobre o evento	Palestrante confundir a data/horário/local da palestra	Comunicar corretamente as informações do evento	Acionar palestrante reserva e providenciar errata
F	Engarrafamento nas vias de acesso ao Congresso	Atraso dos participantes e formação de fila para credenciamento	Consultar as condições de tráfego antecipadamente em tempos regulares	Enviar mensagem para os congressistas e equipe do projeto, apresentando rotas alternativas para chegar ao local
G	Desconhecimento do manual de marcas (Designer inexperiente)	Aplicação incorreta da identidade visual dos patrocinadores nos diferentes meios de comunicação	Seguir o manual de id visual das marcas envolvidas; antes da produção, enviar para a aprovação dos responsáveis pelas marcas	Comunicar ao patrocinador as providências tomadas para correção
H	Falta de clareza da informação que deseja ser transmitida relacionada ao meio utilizado	Textos de divulgação incompatíveis com o meio utilizado	Analisar a relação do texto com o meio utilizado	Corrigir: inserir texto na mídia apropriada
I	Falta de planejamento do espaço	Stands mal dimensionados	Plano de distribuição dos stands com informações técnicas das dimensões	Realocar stands na véspera do evento/ dobrar turno dos montadores

 **RESULTADO** Os riscos do projeto, bem como outras informações de planejamento, podem fazer parte de um único documento de planejamento do projeto. É muito importante reforçar que, se estamos planejando ações preventivas para os riscos, como o próprio nome diz, são ações planejadas! Se são planejadas, devem constar no cronograma do projeto, com recursos alocados, esforço, prazos. Ou seja, o planejamento dos riscos do projeto impacta no planejamento de outras áreas. É por isso que não conseguimos estimar prazo e custo de um projeto sem finalizar o plano de riscos.

Em linhas gerais, o resultado do plano de riscos deve conter o registro priorizado dos riscos, os valores de probabilidade, impacto e grau de exposição, e as ações definidas para cada risco. Muitas pessoas usam softwares ou planilhas com cálculos para formalizar esses registros. Mais importante que a ferramenta, é saber usar a informação.

MODELO SIMPLIFICADO DA MATRIZ DE RISCOS DE UM PROJETO, QUE FICA COMPLETO AO FINAL DO PLANEJAMENTO

#	Causa	Efeito	Probabilidade	Impacto	Grau de Exposição	Mitigação	Contingência

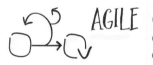 **AGILE** *O Scrum não aborda riscos de projetos. Ele aborda impedimentos. Impedimentos são problemas ou questões que ocorrem e atrapalham a produtividade da equipe. O Scrum Master é responsável por remover esses impedimentos, para que a equipe continue o trabalho do projeto. No Scrum, não existe essa dinâmica de levantamento proativo de incertezas e estabelecimento de ações preventivas e de contingência.*

A dinâmica de levantamento e tratamento de impedimentos ocorridos acontece no Scrum diariamente. Isso impede que problemas se propaguem e contribui para que sejam tratados imediatamente. É importante compreender a diferença entre as duas dinâmicas.

Capítulo 11 - Comunicações: o que deve ser informado a quem?

"O maior problema da comunicação é a ilusão de que ela aconteceu." — George Bernard Shaw

NA REAL

Certa vez, um colega estava gerenciando um evento grandioso aberto à comunidade. Tratava-se de um curso muito interessante. Uma pesquisa havia sido feita antes do lançamento do curso e o percentual de interesse em relação ao assunto era impressionante. O curso seria inteiramente patrocinado por instituições e empresas. Logo, ele poderia ser oferecido gratuitamente aos interessados. Foram oferecidas duas turmas de 100 vagas. O apelo da campanha era infalível: curso gratuito oferecido para a comunidade de um assunto de alto interesse.

Uma ampla divulgação foi feita, usando os melhores canais de comunicação. Surpreendentemente, o número de inscrições para o curso estava muito baixo e ninguém conseguia compreender os motivos. Após muita investigação, descobriram o inesperado: as pessoas não estavam se inscrevendo porque não sabiam o significado da expressão **curso free,** usada na comunicação. Veja bem: provavelmente, um dos critérios de sucesso desse projeto era a alta adesão ao curso. Os principais stakeholders eram as pessoas que se inscreveriam para participar do curso, mas elas não estavam compreendendo a mensagem completa sobre o evento.

Tenha uma coisa na cabeça: **a gente não comunica o que a gente quer, mas sim o que o outro entende**. O significado está no receptor da informação. Precisamos assumir a responsabilidade de comunicar melhor. Se não tivemos bom resultado na comunicação, é porque não comunicamos como deveríamos.

Não deixe de comunicar porque é óbvio. O óbvio só existe para quem está preparado para ele. Em projetos, a comunicação deve ser rigorosa. O brasileiro é um povo muito comunicativo, mas isso não faz de nós bons comunicadores.

Um dos desafios da comunicação em projetos é a **forma**. Qual é o melhor jeito de passar uma mensagem? Depende do público. Para uns, pingo é letra. Para outros, tem que explicar o significado das palavras. Outro desafio é a **dosagem**. Dependendo do projeto, a comunicação pode se transformar em um ninho de cobras. Muitas pessoas envolvidas, muitos canais de comunicação. Se você não ficar atento, todos os seus esforços serão gastos apenas comunicando, e o restante do seu projeto correrá o risco de ficar de lado.

Logo, preste atenção ao nível de esforço que o processo de comunicação do seu projeto pode demandar. É claro que a comunicação face a face, aquela cujas informações são trocadas pessoalmente, é a mais efetiva, mas você tem recursos, disposição e tempo para fazer isso com todos os stakeholders? Não preciso nem te conhecer para te dar uma resposta: é claro que não!

Certamente, os registros escritos são necessários para formalizar acordos e não nos deixar esquecer assuntos importantes, mas o grau de perigo da comunicação escrita é proporcional ao grau de importância da mesma. Isso porque uma vírgula pode

[20] Exemplo extraído das notas de aula do Prof. Gilson de Paula Pacheco

mudar o sentido de uma frase. Dessa forma, tome cuidado ao escrever! Não deixe de considerar quem são as pessoas que receberão a mensagem, pois a interpretação pode variar muito. Veja, por meio de um exemplo, a quantidade de ambiguidades que uma frase escrita pode gerar[20].

Eu enviei um e-mail. Eu não DISSE.

A reunião é com gestores. Não será da EQUIPE.

Não será AMANHÃ.

"EU NÃO DISSE QUE A REUNIÃO DA EQUIPE SERÁ AMANHÃ?"

Quem disse foi outra pessoa. EU não disse.

Não é REUNIÃO, é um encontro informal.

Eu não afirmei que SERÁ, eu apenas sugeri.

Para que a comunicação no projeto tenha alguma utilidade, temos que pensar antes em como vamos implementá-la, como vamos praticá-la. Senão, gastaremos um esforço tremendo sem atingir nossos objetivos.

Logo, use a comunicação mais efetiva com os stakeholders mais importantes. Lembre-se de que já abordamos a importância dos stakeholders na iniciação do projeto.

COMO? As pessoas comunicam o tempo todo no projeto, formalmente e informalmente. Certamente, não precisamos planejar cada item de informação a ser comunicado, mas devemos ter em mente o que é relevante.

Podemos pensar em quais informações são relevantes para o projeto sob **dois pontos de vista**.

O **primeiro ponto de vista** é pensar sob a luz do ciclo de vida do projeto. Ao longo da vida do projeto — iniciação, planejamento, execução até o encerramento —, quais são os eventos de comunicação mais importantes? Por evento de comunicação, entenda-se não apenas um encontro presencial. Pode ser o envio de um relatório importante ou uma aprovação de orçamento, por exemplo. A partir desse ponto de vista, já é possível identificar inúmeros eventos de comunicação relevantes, que devem ser considerados ao planejar o projeto.

Para complementar esses eventos, pense a partir do **segundo ponto de vista** — o dos stakeholders já identificados e analisados na iniciação do projeto. Você já sabe quem são e qual é o posicionamento deles perante o projeto. Agora, precisa imaginar como lidar com eles.

Lembre-se de que existem pessoas com níveis de autoridade e influência bem diferentes no projeto. A forma escolhida de gerenciar essas pessoas depende desses fatores e de outros que você julgar relevante.

Procure perguntar aos principais stakeholders quais são as informações que eles desejam, com que frequência devem ser informados e de que forma. Muitas vezes, os eventos de comunicação mais relevantes, já levantados por você durante o ciclo de vida do projeto, serão suficientes para atender às expectativas de informação de muitos stakeholders.

Só não podemos perder de vista a cautela em relação ao esforço dedicado aos eventos de comunicação — a **dosagem**. Na iniciação do projeto, classificamos os stakeholders em quatro tipos principais. O esforço de comunicação deverá ser compatível com cada tipo.

Os **gladiadores** são aqueles de poder alto e influência positiva para o projeto. Ou seja, são pessoas ideais para defender o projeto. Normalmente, devem ser constantemente informados. Pode ser, porém, que nem todos precisem de uma comunicação constante. Verifique quem são eles. As informações de que precisam devem ser detalhadas ou um resumo, no estilo infográfico?

Os **perigosos** são aqueles com poder alto e influência negativa. Talvez os esforços para se comunicar com esse tipo e gerenciar suas expectativas sejam elevados. O melhor dos mundos seria trazer essas pessoas para o lado positivo do projeto. Cuidados adicionais devem ser tomados com eles, pois qualquer informação mal dada será motivo de linchamento. Dê preferência à comunicação face a face e registro formal, pois todo cuidado é pouco.

Os **malas sem alça** são aqueles sem muito poder no projeto, mas que tomam nosso tempo com picuinhas. Mantenha-os informados constantemente, mas tente aproveitar os eventos de comunicação já planejados, de forma que você não precise gastar tempo extra.

Não se esqueça dos **cabos eleitorais**, que querem muito bem ao projeto, mas têm pouca autoridade. Eles também merecem informações, pois estão ali para o que der e vier, e sempre falarão bem do projeto, mas, como têm pouco poder, podem ser comunicados na medida certa, sem muito esforço.

 **FERRAMENTAS**

Nada como um guia, uma sugestão dos principais eventos de comunicação ao longo do ciclo de vida de um projeto, não é mesmo? Nessa seção, são apresentadas sugestões de eventos de comunicação considerados relevantes. Tenha em mente que cada projeto terá eventos específicos de comunicação. A quantidade de eventos, os objetivos, as informações trocadas, tudo depende muito do tamanho do projeto, complexidade e quantidade de pessoas envolvidas.

Veja, por exemplo, que, no acompanhamento do projeto com a equipe, é sugerido verificar o trabalho feito no período anterior e planejar o trabalho do próximo período. Certamente, isso pode ser dividido em dois eventos diferentes de comunicação, caso seu projeto precise.

O mais importante é que as informações relevantes sejam comunicadas no momento certo, entre as pessoas certas, com o esforço adequado. Ou seja, não adianta validar requisitos com o cliente depois que o resultado do projeto está pronto, pois o objetivo da validação de requisitos é justamente reduzir a possibilidade de retrabalhos, devido ao mau entendimento das necessidades do cliente.

COMUNICAÇÕES TÍPICAS EM PROJETOS

EVENTO	QUEM PARTICIPA E QUANDO	OBJETIVOS	RESULTADOS TANGÍVEIS
Abertura do projeto	Patrocinador e demais stakeholders, principalmente o gerente do projeto. Realizado no início do projeto.	Informar a todos que o projeto existe e vai ser iniciado. Informar o valor do projeto para o negócio, os resultados, premissas, restrições, marcos, riscos e orçamento de alto nível para o projeto. Dar autoridade ao gerente do projeto.	Alinhamento estratégico do projeto.
Levantamento de requisitos com o cliente	Analista de negócios (ou responsável pela interação com o cliente) e clientes. Realizado durante toda a etapa de levantamento de requisitos.	Conhecer melhor as necessidades do cliente em relação aos resultados do projeto.	Requisitos explicados e registrados.
Validação de requisitos com o cliente	Analista de negócios (ou responsável pela interação com o cliente) e clientes. Realizado durante todo o projeto para validar os requisitos detalhados.	Após registrar os requisitos, é importante mostrar o documento gerado ao cliente para garantir que o que foi formalizado é realmente o que o cliente necessita.	Requisitos validados formalmente.
Kick-off do projeto	Gerente do projeto, equipe e principais stakeholders. Realizado após o plano do projeto (veremos o que é em breve) estar pronto.	Apresentar o plano do projeto, dar oportunidade às pessoas de validarem e questionarem as informações. Obter comprometimento com o plano.	Entendimento do projeto e comprometimento da equipe.
Solicitações de mudanças	Cliente e gerente do projeto. Realizado sempre que houver necessidades de mudanças no projeto.	Identificar, explicar e registrar mudanças necessárias no projeto.	Mudanças registradas formalmente. Após avaliação por parte da equipe, uma resposta sobre os impactos da mudança deve ser dada ao cliente.
Acompanhamento do projeto com a equipe	Gerente do projeto e equipe. Realizado em uma frequência determinada, de forma que seja possível acompanhar os resultados da equipe, sem onerar o trabalho de todos.	Verificar o trabalho realizado pela equipe no período anterior. Identificar problemas a serem resolvidos, novos riscos, gatilhos de riscos. Registrar lições aprendidas. Detalhar e compreender o trabalho a ser realizado no próximo período, ajustar estimativas.	Informações de acompanhamento referente ao período anterior. Planejamento detalhado do próximo período.

EVENTO	QUEM PARTICIPA E QUANDO	OBJETIVOS	RESULTADOS TANGÍVEIS
Análise de viabilidade com o patrocinador	Gerente do projeto/ patrocinador. A equipe pode participar. Realizada a cada marco definido do projeto para as análises de viabilidade.	Informar ao patrocinador as principais medições do projeto até o marco, de forma resumida, comparando valores planejados e realizados em termos de escopo, prazo, custo ou outro critério relevante para o projeto. Verificação se os desvios estão dentro das faixas estabelecidas e tomada de decisões em caso de valores fora das faixas.	Informações de viabilidade com comparação de valores planejados e reais.
Validação das entregas com o cliente	Gerente do projeto e cliente. A equipe pode participar. Realizada a cada marco definido do projeto para as validações de entregas.	Apresentar ao cliente os resultados parciais do projeto e obter aceite. Caso existam ajustes e correções a serem feitos, registrar.	Informações das entregas realizadas e aprovadas, bem como ajustes a serem feitos.
Acompanhamento de marcos com o cliente	Gerente do projeto e cliente. A equipe pode participar. Realizado a cada marco definido do projeto para informar ao cliente os resultados do projeto.	Informar ao cliente os principais resultados do projeto até o marco, de forma resumida. A ideia é fornecer um termômetro do andamento ao cliente. Comparativo entre planejado e realizado, em termos de escopo, prazo e/ou outro critério relevante para o projeto.	Informações de marcos, destacando entregas planejadas e realizadas, mudanças solicitadas, prazo do projeto planejado e atual, principais riscos e questões a serem tratadas.
Encerramento do projeto junto ao cliente	Gerente do projeto e cliente. A equipe pode participar. Realizado ao final do projeto.	Entrega dos resultados finais do projeto, obtenção de aceites, registro de pendências.	Registro formal de encerramento.

Exemplo de Acompanhamento do projeto com a equipe:

ACOMPANHAMENTO COM A EQUIPE

ATIVIDADES PREVISTAS E REALIZADAS NO PERÍODO

ATIVIDADE	DURAÇÃO	INÍCIO	TÉRMINO	RESPONSÁVEIS	REALIZADA
Casa de Campo	124 dias	03/02	24/07		
Gerenciamento do Projeto	123 dias	03/02	23/07		
Realizar Abertura do Projeto	0,5 dias	03/02	03/02	Fabig	☑
Realizar Planejamento do Projeto	5 dias	03/02	10/02	Fabig	☑
Fazer reunião de kick-off	0,5 dias	10/02	10/02	Fabig	☑

PRÓXIMAS ATIVIDADES

ATIVIDADE	DURAÇÃO	INÍCIO	TÉRMINO	RESPONSÁVEIS	REALIZADA
Desenhos – Projeto Técnico	14,5 dias	11/02	03/03		
Elaborar desenho elétrico, dados, voz	3 dias	18/02	21/02	Arquiteta	
Elaborara desenho hidráulico	4 dias	18/02	24/02	Arquiteta	
Elaborara desenho de climatização	2 dias	18/02	20/02	Arquiteta	
Desenhos finalizados	0 dias	24/02	14/02	Arquiteta	

ACOMPANHAMENTO DOS RISCOS
Não foram identificados novos riscos.
Não foram identificados gatilhos para tratamento dos riscos.

QUESTÕES A SEREM TRATADAS
Monitorar a disponibilidade dos projetos elétrico, hidráulico e de climatização para que não haja atraso nas próximas atividades.

RESPONSÁVEL: Arquiteta

Exemplo de Acompanhamento de marcos com o cliente:

ACOMPANHAMENTO DE MARCOS

ENTREGAS JÁ REALIZADAS	DATA
Desenhos técnicos aprovados	03/03
Contratação de executores	12/03
Compras de móveis e equipamentos	24/03
Execução de obra civil	04/06
Execução do projeto hidráulico	23/06
Execução dos projetos elétrico, dados e voz	23/06
Execução do projeto de climatização	07/07

ENTREGAS PREVISTAS	DATA
Recebimento e posicionamento dos móveis e equipamentos	15/07

SITUAÇÃO DO PROJETO (PRAZO E CUSTOS)
Os riscos e questões estão sendo monitorados de perto e não há previsão de atraso no projeto. Os custos permanecem os mesmos.

 **FIQUE ESPERTO!**

O objetivo principal das comunicações do projeto é prover as pessoas de informações necessárias para executar seus trabalhos e tomar decisões, no momento correto. Todas as pessoas devem ter consciência das informações que precisam para realizar suas ações. Da mesma forma, todas as pessoas devem ter consciência das informações que geram e a quem devem essas informações. Os projetos teriam muito menos desperdício se todos tivessem essa consciência.

AGILE

No Scrum, os principais eventos ou cerimônias de comunicação, entre os stakeholders mais importantes, são fixos e fazem parte do processo. Isso fortalece a criação do hábito de participação nesses eventos. Ao participar de um projeto baseado em um método ágil como o Scrum, as pessoas já sabem as reuniões que fazem parte do processo, de quais elas devem participar, o que deve ser discutido em cada reunião, quais são as saídas tangíveis.

Essa abordagem é muito interessante, pois o próprio processo já força a existência de um contrato informal entre todas as partes, contemplando os momentos exatos em que os eventos de comunicação acontecem. O tempo que se deve gastar em cada evento também já é previamente estabelecido.

COMUNICAÇÕES TÍPICAS EM PROJETOS SCRUM

EVENTO	QUEM PARTICIPA E QUANDO	OBJETIVOS	RESULTADOS TANGÍVEIS
Reunião de apresentação do plano geral do projeto	Product owner e alta gestão. Antes do início do projeto.	Apresentar o projeto e os benefícios para o negócio que ele vai gerar.	Alinhamento estratégico do projeto.
Reunião de apresentação do plano geral do projeto	Product owner, time e Scrum Master. Após aprovação da alta gestão, no início do projeto.	Apresentar o projeto e os objetivos, números de sprints e demais informações ao time.	Entendimento do projeto pelo time.
Reunião de Planejamento da Sprint — parte 1	Product owner, time e Scrum Master. No início de cada sprint (fase) do projeto.	Explicação de cada item de requisito (história de usuário) que deve ser desenvolvido na sprint. Estabelecimento da meta da sprint. Estimativa dos itens pelo time.	Definição e estimativa dos itens comprometidos da sprint.
Reunião de Planejamento da Sprint — parte 2	Time e Scrum Master. No início de cada sprint (fase) do projeto, após a parte 1 do planejamento da sprint.	Decomposição das tarefas necessárias para a realização de cada requisito. Ajustes de estimativa.	Quadro Kanban: quadro com requisitos e tarefas usado para acompanhar, de forma transparente, o andamento da sprint.
Reuniões diárias	Time e Scrum Master. Todos os dias, com duração fixa de 15 minutos, de preferência na mesma hora do dia.	Responder a três perguntas de acompanhamento do projeto: 1) O que você fez no projeto desde a última reunião diária? 2) O que você planeja realizar no projeto até a próxima reunião diária? 3) Que impedimentos existem para que você cumpra seus compromissos para esta Sprint?	Acompanhamento das tarefas feitas e a fazer. Atualização do quadro Kanban e do gráfico de Burndown. Registro de impedimentos a serem tratados pelo Scrum Master.
Reunião de Revisão da Sprint	Time, Scrum Master e Product Owner. Ao final da sprint.	Apresentar os requisitos desenvolvidos e obter feedback do Product Owner.	Resultados parciais apresentados e manifestação, por parte do Product Owner, se a meta da Sprint foi atingida.
Reunião de Retrospectiva da Sprint	Time e Scrum Master. Ao final da sprint, após a revisão.	Refletir sobre o processo de condução do projeto: O que foi bem? O que poderia ser melhorado?	Registro das lições aprendidas no processo de desenvolvimento do projeto.
Reunião de validação do projeto	Product owner e alta gestão. Ao final do projeto.	Apresentação à Alta Gestão dos trabalhos que a equipe realizou.	Validação do projeto.

 **VEJA BEM!**

O quadro Kanban e o gráfico de Burndown não fazem parte do Scrum, mas são usados na maioria dos projetos.

Exemplo de quadro Kanban para acompanhamento das atividades realizadas no Scrum:

Exemplo de gráfico de Burndown para acompanhamento de itens a fazer no Scrum:

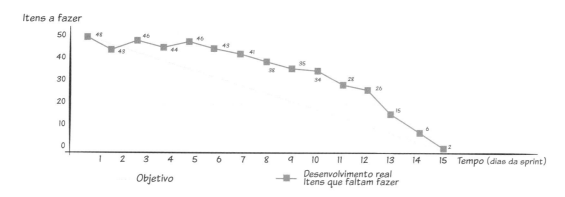

VEJA BEM!

Se analisarmos com cuidado, é possível identificar grande similaridade, em termos de objetivos e informação trocada, entre os eventos de comunicação do Scrum e os eventos de comunicação propostos neste livro. Se pensarmos bem, a essência, o relevante, é o mesmo. Os nomes podem mudar, a frequência, a forma de apresentar uma informação, mas a essência a ser comunicada não muda muito.

*Por isso, incentivo todos a sempre pensarem no que é **relevante**.*

RESULTADO

Após identificar todos os eventos de comunicação relevantes para o projeto, é importante registrá-los, de forma a garantir que eles ocorram durante o ciclo de vida do projeto. Para cada evento de comunicação, devem ser registrados:

- O evento de comunicação
- Quem está envolvido. De preferência, determine de quem a informação deve partir e para quem ela deve ir.
- Quando ocorre e, no caso de repetições, a frequência com que ocorre.
- Quais são os objetivos do evento de comunicação. Normalmente, associados a quais informações devem ser trocadas, acordadas, comunicadas ou registradas.
- Resultados. Normalmente, associados a um documento ou artefato, usado no evento de comunicação. Se servir para trocar informações de forma legítima e eficiente no projeto, é válido. Pode ser um conjunto de post-its na parede ou uma ata redigida em um editor de texto simples. O que importa é a qualidade do resultado da informação e a utilidade dela para o projeto.

FIQUE ESPERTO!

Neste capítulo, apresentamos essas informações sob a forma de tabela. Além de registrar todos os eventos de comunicação pertinentes ao projeto, é importante que o cronograma seja alterado para contemplar aqueles eventos, que envolvem reuniões com mais pessoas, demandam tempo e esforço, e impactam no prazo do projeto!

Capítulo 12 - Construa um plano integrado e obtenha comprometimento

Você sabe o que é um plano integrado?

1 Todas as entregas do escopo devem estar associadas aos requisitos do cliente. Procure uma forma de criar uma rastreabilidade entre os requisitos e as entregas. Assim, ao ter uma entrega concluída, você conseguirá associar o requisito.

2 O cronograma também deve representar tudo o que deve ser feito no projeto e respeitar as restrições.

3 Os recursos (especialmente pessoas) devem ser alocados no cronograma com as habilidades e capacidades necessárias para executar as atividades e disponibilidade real. A quantidade, disponibilidade e maturidade de recursos impactam nos prazos, custos, riscos e qualidade do projeto.

4 Se planejar ações para reduzir riscos do projeto, essas ações devem constar no cronograma. Elas demandam esforços e custam tempo e dinheiro ao projeto.

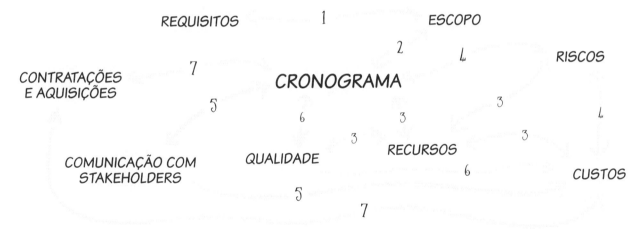

5 Ações de comunicação, principalmente reuniões, confecção de relatórios e outros encontros presenciais, também devem fazer parte do cronograma. Elas impactam nos prazos e custos do projeto.

6 Quanto maior é o grau de qualidade exigido para as entregas do projeto, normalmente, maior é a duração para completá-las, a demanda por recursos mais capacitados e custos maiores.

7 Se o projeto precisar fazer contratações de serviços ou aquisições de commodities, não deixe de contemplar no cronograma os prazos para orçar, escolher e contratar. Se o fornecedor for contratado para fazer uma entrega do projeto, o tempo do fornecedor também deve ser inserido no cronograma. Os custos das contratações também fazem parte dos custos do projeto.

O plano integrado do projeto deve ser consistente. Todas as restrições devem ser atendidas pelo plano. Todas as premissas, suposições com as quais o planejamento do projeto conta, devem estar registradas. Os stakeholders associados às premissas devem ser comunicados.

O **plano integrado** pode ser representado por um único documento ou vários documentos ligados. Em vez de se registrarem em documentos, todas as informações do plano podem ser inseridas em uma ou mais ferramentas de software, mas isso, muitas vezes, dificulta a aprovação, como se fosse realmente um único conteúdo.

Após finalizar o plano inicial, a equipe deve conhecê-lo, ter a oportunidade de analisar o plano, enxergar suas responsabilidades e atividades dentro do contexto geral, verificar como suas ações estão relacionadas a outras.

Existem projetos em que é possível realizar uma reunião antes da execução, com o objetivo de repassar o plano do projeto e obter comprometimento da equipe em relação a ele. Essa reunião é comumente denominada de **kick-off.**

VEJA BEM!

Muitas pessoas chamam de kick-off a reunião de início do projeto. No contexto do gerenciamento de projetos, chamamos de kick-off a reunião após o planejamento, antes da execução do projeto. O objetivo dessa reunião é apresentar o plano do projeto à equipe, dar oportunidade para todos validarem e solicitarem alterações. Após as validações e alterações, o plano deve ser considerado coeso, realista e consistente por todos. Dessa forma, a equipe se compromete com o plano do projeto.

FIQUE ESPERTO!

Gerenciar projetos consiste em planejar adequadamente e monitorar incansavelmente. Muitos me perguntam se o esforço e o tempo de planejamento devem ser maiores que o de execução e monitoramento. A pergunta é pertinente, mas a resposta é sempre cretina: depende do projeto! O planejamento deve ser adequado à necessidade do projeto. Por exemplo, o planejamento do Rock in Rio demanda esforços bem diferentes do planejamento de um churrasco de fim de ano, para 100 pessoas, de uma organização. Ambos são considerados projetos, mas um é bem mais complexo que outro. Dessa forma, planeje na medida certa, o suficiente para deixar clara a organização do projeto e permitir um monitoramento bem-feito.

PARTE 3: EXECUÇÃO E CONTROLE

Não existe nada nesse mundo que não tenha jeito em projetos, desde que tenhamos informações sobre nossas escolhas e as consequências delas.

Capítulo 13 - Execução do projeto: onde tudo acontece

Planos bons, já vi aos montes. É na execução que os planos se perdem.

FASES VERSUS AÇÕES

Para começo de conversa, é muito difícil separar um projeto em fases absolutamente compartimentadas — iniciação, planejamento, execução, encerramento —, onde apenas um tipo de ação de gestão é executado. Por exemplo, é difícil estabelecer uma fase, onde apenas ações de planejamento são executadas. Logo após um planejamento preliminar de parte do projeto, pode ser possível executar a parte que já foi planejada. No exemplo da casa de campo, logo após as especificações de arquitetura e complementares (elétrica, hidráulica etc.) terem sido validadas, o processo de orçamentação e contratação de fornecedores pode ser iniciado, enquanto o restante do planejamento é finalizado. Da mesma forma, assim que um fornecedor finaliza seus serviços, o encerramento com ele pode ser feito, não sendo necessário esperar até a etapa final do projeto para isso.

Logo, quando falo sobre execução, estou me referindo a ações de execução do projeto. Essas ações podem acontecer em várias etapas ao longo do ciclo de vida do projeto.

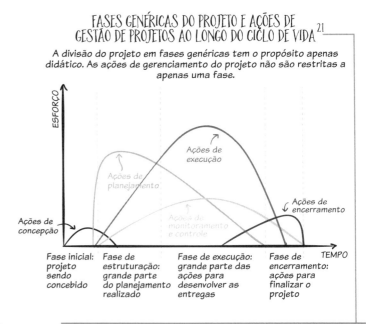

FASES GENÉRICAS DO PROJETO E AÇÕES DE GESTÃO DE PROJETOS AO LONGO DO CICLO DE VIDA[21]

A divisão do projeto em fases genéricas tem o propósito apenas didático. As ações de gerenciamento do projeto não são restritas a apenas uma fase.

[21] Adaptado de PMI — PROJECT MANAGEMENT INSTITUTE. Guide to the Project Management Body of Knowledge (Guide to the PMBoK®). Quinta Edição. Newton Square, PA, EUA: 2012.

O que acontece na execução do projeto? Ora, é o momento em que a equipe trabalha para produzir as entregas planejadas no escopo e no cronograma. É a oportunidade de colocar o plano em ação. Como projetos, por definição, produzem um resultado único e acontecem sob condições únicas — equipe, cenário econômico, fornecedores e outros itens diferentes de projetos similares anteriores —, é natural que estejam carregados de incertezas. Logo, não fique aflito se itens não planejados começarem a surgir, pendências começarem a pipocar na sua frente e detalhes não forem seguidos à risca. É assim mesmo: com emoção.

O PAPEL DO GERENTE DO PROJETO DURANTE A EXECUÇÃO

O papel do líder do projeto, nesse momento, é garantir que as coisas estejam acontecendo, gerenciar a equipe e tentar minimizar obstáculos para que os resultados sejam produzidos. Não é possível aqui seguir uma agenda fixa. O cronograma é útil para nortear as ações de gerenciamento importantes, que acontecem no período — uma reunião de monitoramento com a equipe, a elaboração de um relatório de desempenho. Pequenas ações que parecem invisíveis, porém, acontecerão o tempo todo e demandarão muito tempo e energia, especialmente ações relacionadas à comunicação e gerenciamento de stakeholders. É impressionante como essas ações sugam nosso tempo e não podemos deixar de executá-las, pois são imprescindíveis para o bom andamento do projeto. Tanto as comunicações planejadas formalmente, quanto outras comunicações relevantes, devem ser postas em ação nesse momento. Nesse caso, a forma com que as mensagens e informações são comunicadas é tão importante quanto o conteúdo. Isso demanda habilidades interpessoais de comunicação, negociação e solução de conflitos.

Dependendo da maturidade da equipe e da estrutura organizacional em que o projeto é desenvolvido, os esforços de gestão serão maiores ou menores. Uma equipe mais madura, auto-organizada e composta de especialistas seniores praticamente não demanda ações de gerenciamento. Basta esclarecer, em períodos fixos do projeto, as atividades e resultados esperados e, ao final, geralmente os resultados aparecem. A não ser que o projeto seja de grande risco — tecnologia nova, alto índice de incertezas nos requisitos, grande dependência de fatores externos. Nesse caso, delegar algumas pequenas ações de gerenciamento para pessoas mais maduras tem sido uma prática comum. Assim, o gerenciamento do projeto ocorre de forma compartilhada. "Donos" ou responsáveis são indicados para cuidar de ações específicas.

Lembre-se de que, muitas vezes, os projetos são executados em uma estrutura organizacional matricial. Isso significa que as pessoas da equipe podem estar subordinadas hierarquicamente a outros gestores de área ou alocadas a outros projetos. Nesse caso, é importante estar atento à prioridade do seu projeto em relação às outras atividades das pessoas da equipe. A reunião de kick-off, comentada no final do capítulo de planejamento, ajuda muito a explicar para toda a equipe qual é o papel de cada um no projeto, os impactos das suas atividades e a importância do projeto no contexto geral. Ao longo da execução, todavia, as pessoas são absorvidas por muitas atividades, prazos arrojados e pressões externas. Dessa forma, gerenciar as pessoas que fazem as entregas do projeto e lembrá-las do que foi discutido no kick-off é importante para manter o projeto na trilha.

A estrutura organizacional e a cultura da empresa em que o projeto está sendo conduzido também influenciam na autoridade do responsável pelo projeto. Já vi empresas em que o gestor do projeto tinha que implorar para que as pessoas cumprissem o que foi acordado no plano do projeto.

Muitas vezes, as pessoas terão motivações diferentes para fazer as entregas do projeto pelo qual você é responsável. Motivação é algo complicado, pessoas são complicadas. Somos motivados por coisas diferentes e nem sempre pelas mesmas coisas. Pessoas podem estar em fases diferentes de vida e isso também impacta na motivação delas. Há os que estão na fase de juntar dinheiro e vão topar qualquer parada, trabalhar em qualquer horário para ganhar horas extras. Outros estarão em um momento mais família. Acredito, porém, que a grande maioria das pessoas se motiva pela **causa**. Ou seja, reforce a razão do projeto existir, o valor que o projeto pretende gerar e o papel das pessoas no projeto. Independentemente da razão principal pela qual as pessoas se motivam, essa abordagem ajuda.

NA REAL

Certa vez, ouvi a história de uma pessoa que passava em frente a uma construção com três pedreiros trabalhando. Essa pessoa se aproximou do pedreiro mais mal-humorado e perguntou o que ele estava fazendo. Ele respondeu, secamente, que estava assentando tijolos. Em seguida, a pessoa fez a mesma pergunta ao segundo pedreiro. Ele disse que estava levantando uma parede. Por fim, ao ver o terceiro pedreiro muito feliz fazendo o mesmo trabalho dos outros, a pessoa perguntou o que ele estava fazendo. Ele disse: "Estou construindo uma catedral!". Moral da história: fornecer a visão do projeto faz diferença na forma como as pessoas trabalham!

Muitas bibliografias abordam a importância da liderança do gestor do projeto. Já li livros que classificavam mais de 20 tipos de liderança: servidora, autocrática, liberal, exigente, dentre tantas outras. Haja criatividade para arrumar tanto nome para estilos de liderança! Não vou me atrever a explorar o assunto neste livro, pois está fora do nosso escopo. Cabe ressaltar, no entanto, que, durante a execução do projeto, o gestor deve procurar conduzir as pessoas da equipe para alcançarem os resultados planejados. Por isso, esbarramos nos assuntos relacionados à motivação, comunicação interpessoal e liderança. A liderança é um somatório de várias competências raramente encontradas em uma única pessoa. Portanto, seja você mesmo, faça o melhor que puder e pratique o senso de justiça.

> **DICA**
>
> Passamos mensagens verdadeiras por meio das nossas ações, e não por meio das palavras. Quando as palavras contradizem as ações, as pessoas deixam de acreditar na palavra. É a ação que prevalece. Na medida do possível, cumpra os acordos feitos com as pessoas. Se algo aconteceu e, por conta disso, não será possível cumprir algo acordado, comunique, explique os motivos e estabeleça novo acordo.

TRATE OS PROBLEMAS E QUESTÕES

Como já foi exposto, é durante a execução que itens não planejados, problemas, questões e pendências começam a surgir com toda força. São questões que não merecem ser colocadas como atividades do cronograma, pois, muitas vezes, são simples e rápidas de resolver. O perigo está no volume de questões que costumam surgir. Se procurarmos armazená-las apenas na cabeça, certamente teremos dificuldade de gerenciar e resolver todas.

Dessa forma, uma grande aliada, durante a execução do projeto, é uma ferramenta de registro e acompanhamento de questões. Existem inúmeras ferramentas de software, online e gratuitas, no mercado. Se preferir, a planilha eletrônica também serve.

Qual é a utilidade desse tipo de ferramenta?

> • Ao surgir uma questão a ser resolvida, cadastre a questão com informações essenciais sobre ela: data de cadastro, descrição, responsável por resolver, data limite de resolução.
>
> • Escolha uma ferramenta que permita o acompanhamento da questão até a resolução. Ferramentas parecidas com o quadro Kanban são uma boa opção. Nelas, as questões são cadastradas em fichas, que são movidas pelos responsáveis, ao longo do processo de resolução, para indicar o andamento. Existem ferramentas que permitem cadastrar outras informações sobre a questão, anexar arquivos, criar check-lists. Explore, na medida da utilidade e usabilidade.
>
> • Se a data limite para a resolução da questão foi atingida e ela não foi solucionada, faça com que a ferramenta emita avisos ou escale para um superior.

O mais importante é existir uma sistemática de registro e controle dessas questões que surgem nos projetos. Sem esse controle miúdo, as pessoas costumam se perder sobre as coisas que devem realizar. Além disso, esses registros são ótimos para verificar onde nosso tempo está sendo gasto.

Capítulo 14 - Fique de olho: monitore o que acontece no projeto

O que mata o mundo é essa falta de referência de resultado, a falta de cumprimento do acordado.

 NA REAL

Hoje em dia, ninguém tolera a ausência de informação sobre como anda o projeto, qual é o status. Isso é inconcebível. Mesmo que, a partir do que está sendo realizado, as previsões de término tenham uma margem de erro, a informação imprecisa é melhor do que informação nenhuma.

É por isso que o monitoramento do projeto deve ser incansável. Isso não quer dizer que ele deva ser complexo, doloroso, baseado em relatórios extensos. Deve ser simples, mas frequente. Se algo sair da rota, consegue-se identificar e corrigir o quanto antes. No primeiro capítulo, falei sobre o princípio do Waze para gerenciar projetos. O monitoramento do projeto, ao longo da execução, deve seguir o mesmo princípio. Montamos um plano com base nas informações que tínhamos naquele momento. Ao longo do projeto, as atividades serão realizadas e novas informações surgirão, o que nos permitirá atualizar requisitos, escopo, estimativas, riscos, recursos, custos e outras questões. Estatisticamente, é muito difícil terminar o projeto exatamente de acordo com o primeiro plano concebido. Por isso, o princípio do Waze é tão importante.

O papel do gestor do projeto deve ser, do ponto de vista de monitoramento, acompanhar as condições em que as atividades estão sendo executadas, registrar as informações reais de execução, comparar com o planejado, identificar desvios, agir para corrigir ou prevenir problemas. Essa é a essência do monitoramento. A forma como você vai realizar essas atividades depende da sua maturidade, da cultura da empresa, dos recursos de que dispõe e da natureza e complexidade de cada projeto.

 **COMO?** Basicamente, o monitoramento do projeto pode ser feito de três pontos de vista principais: com a equipe, com o patrocinador e com o cliente, que vai receber e se beneficiar com os resultados do projeto.

O **monitoramento com a equipe** serve para tratar de questões miúdas, corriqueiras, do dia a dia do projeto. Normalmente, é feito com uma frequência maior, mas não existe regra que determine qual a frequência ideal. Projetos que seguem práticas ágeis fazem monitoramento com a equipe diariamente, em reuniões denominadas Daily Meeting. Existem projetos que são monitorados semanalmente, outros quinzenalmente. Particularmente, não gosto de deixar passar mais de duas semanas para ter notícias do andamento do projeto com a equipe.

Quais são as informações normalmente tratadas no monitoramento com a equipe?

> • Atividades planejadas e realizadas no período, bem como as condições reais em que aconteceram — duração, custo, pessoas alocadas.
> • Atividades planejadas e não realizadas no período.
> • Atividades não planejadas e realizadas no período.
> • Riscos concretizados, novos riscos, riscos com mudanças de prioridade.
> • Problemas e questões novos e resolvidos.

Devido ao fato desse tipo de monitoramento ser mais frequente, os desvios identificados podem ser tratados de forma mais imediata.

O **monitoramento com o cliente** trata do que mais importa a ele — as entregas parciais. Para isso, em tempo de planejamento, o projeto deve ser dividido em marcos de entregas, acordados com o cliente. Em cada marco, informações sobre o que foi acordado e as entregas efetivamente realizadas devem ser fornecidas. Se for possível mostrar ao cliente alguma entrega para validação parcial, melhor ainda. É claro que o cliente também vai querer saber das condições de execução do projeto, principalmente se está dentro do prazo. O gestor do projeto deve aproveitar esse momento para validar se as premissas associadas ao cliente continuam verdadeiras e atualizar riscos associados ao cliente.

O **monitoramento com o patrocinador** do projeto tem o viés de realização ou desempenho. Ou seja, o sponsor quer saber como o dinheiro dele foi gasto, o que foi feito, se está no prazo. Geralmente, o sponsor não tem tempo para informações detalhadas; então, as informações fornecidas a ele costumam estar na forma de gráficos, faróis ou infográficos. Somente se ele detectar algo fora da curva normal de andamento, questionará os porquês dos desvios. Nesse caso, os registros detalhados de monitoramento com a equipe ajudarão a explicar melhor o projeto e nivelar expectativas. Antes de apresentar informações ao patrocinador, é importante que uma análise de viabilidade seja feita pelo responsável pelo projeto com a equipe. Análise de viabilidade, nesse contexto, significa verificar se vale a pena continuar o projeto, diante do que já foi realizado. Por exemplo, se o seu projeto chegou a 50% do prazo planejado, mas cumpriu apenas 20% do escopo acordado e gastou 70% dos custos previstos, vale a pena refletir se o projeto deve continuar. Aposto que, nessas condições, nem o estagiário iria querer olhar para sua cara.

Normalmente, as ferramentas usadas para monitorar o projeto são softwares de gerenciamento de projetos, mais comumente chamados de cronograma, com o lançamento do que foi efetivamente realizado pela equipe. Costumo dizer que um software de gestão de projetos nada mais é do que um grande banco de dados, que realiza os cálculos para nós. É importante compreender as informações inseridas e exibidas pelo software para tomar decisões.

Os relatórios gerados para monitorar o projeto com a equipe, o cliente, o patrocinador ou qualquer outro relatório gerado deve ter o layout bem específico, dependendo das necessidades de informação dos stakeholders. É por isso que não gosto de oferecer exemplos de layouts de relatórios, pois os preguiçosos acabam levando ao pé da letra.

No capítulo "Comunicações: o que deve ser informado a quem?", foram apresentados exemplos bem simplificados de dois relatórios de acompanhamento com o cliente e com a equipe.

LIDANDO COM SOLICITAÇÕES DE MUDANÇA

Quanto mais pressa se tem na identificação dos stakeholders e na determinação dos requisitos do projeto, maiores são as chances de haver grandes solicitações de mudança ao longo do projeto. É claro que mudanças no projeto podem ocorrer por motivos diversos e não apenas devido a requisitos mal elaborados e stakeholders que aparecem tardiamente. Esses, porém, são fatores que contribuem fortemente.

Achar ruim quando chega uma solicitação de mudança é como cair e maldizer a gravidade: efeito zero. O que as pessoas precisam ter ciência é que, quanto mais tarde uma solicitação de mudança chegar, mais caro ela vai custar. Por isso, é importante tentar identificar todos os stakeholders importantes e requisitos do projeto o quanto antes.

De qualquer maneira, as mudanças não devem ser recebidas e implementadas automaticamente. Antes de mais nada, uma análise a respeito dos impactos da mudança deve ser feita. Se essa mudança for implementada, quais requisitos e entregas do projeto serão impactados? Qual o impacto nos prazos, qualidade e custos do projeto?

Vale a pena registar em um formulário, ou qualquer outro instrumento, os detalhes da mudança e seus impactos. Antes de tomar qualquer iniciativa referente à mudança, os impactos devem ser aprovados. Após a aprovação, uma nova versão do novo plano do projeto, contemplando a mudança com os impactos, deve ser gerada.

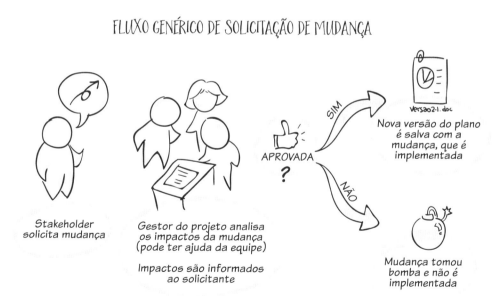

RESULTADO

O resultado do monitoramento do projeto é o registro de tudo o que aconteceu realmente, a comparação desses registros com o planejamento, os porquês de desvios e as decisões tomadas. Esses registros podem ser apresentados mais detalhadamente, a partir de monitoramentos com a equipe, ou mais resumidamente, após monitoramentos com o cliente e o patrocinador.

AGILE

No Scrum, o monitoramento do projeto ocorre diariamente com a equipe, por meio do Daily Meeting com atualização do quadro Kanban do andamento das tarefas e atualização do gráfico de Burndown de itens a fazer. Os impedimentos também são registrados diariamente. Com o Product Owner, que representa o cliente, o acompanhamento é feito no início de cada sprint, para passar a meta e detalhar requisitos, e, ao final, para fazer a revisão das entregas.

No capítulo "Comunicações: o que deve ser informado a quem?", foram apresentados exemplos bem simplificados do quadro Kanban e gráfico Burndown. Também foram detalhados os principais eventos de comunicação do Scrum, muitos dos quais dizem respeito ao monitoramento do projeto.

PRINCE2

O Prince2® trabalha com o princípio de **gerenciar por estágios.** Isso significa que o projeto é planejado e monitorado por meio de pontos de controle, em intervalos regulares ao longo do projeto. Ao término de cada estágio, o projeto é avaliado, os planos são revistos para assegurar que o projeto continua viável, e pode-se tomar a decisão de cancelamento ou prosseguimento do projeto.

FIQUE ESPERTO!

Devemos tomar cuidado para não perder a essência do gerenciamento de projetos: saber usar as informações corretas para a tomada de decisões. O monitoramento diz muito a respeito disso.

A abordagem proposta por este livro é bem aderente à proposta do Prince2® e do Scrum: a essência é fazer um planejamento adequado e um monitoramento constante.

PARTE 4: FIM

Gerenciamento de projetos dá dinheiro? Claro que não. Só mãe dá dinheiro. Para todo resto, tem que trabalhar para conseguir.

Capítulo 15 - Encerramento: Formalize a entrega, obtenha aceite, comemore!

O encerramento de todo projeto, apesar de ser uma etapa menos explorada, é um momento grandioso, que não pode passar despercebido. Grandioso por ser o momento da entrega final, o senso de realização é obtido nesse instante. Como já foi ressaltado, projetos não acontecem no vácuo, eles estão inseridos em um contexto maior. Projetos existem para realizar benefícios. O encerramento é o momento da grande entrega, e espera-se que os benefícios gerados pelos resultados do projeto sejam percebidos em breve.

Algumas ações de gestão são pertinentes nessa etapa. Vamos a elas:

Entrega dos produtos e serviços finais

Se o projeto foi desenvolvido de forma iterativa e incremental, então, é provável que entregas parciais tenham sido feitas ao longo do ciclo de vida, ao final de cada etapa. Sempre, porém, ficam as últimas entregas para fazer. As vantagens de se fazer entregas a cada marco do projeto são muitas:

> • A ansiedade do cliente é reduzida, na medida em que ele tem evidências objetivas de que o projeto está evoluindo.
> • Os aceites parciais são concedidos, sobrando menos coisas para o final.
> • Ao receber entregas parciais, o cliente pode dar feedbacks constantes. Dessa forma, se houver algo a ser corrigido, a tendência é que isso seja feito mais cedo, antes do final do projeto.
> • Ao realizar entregas parciais e obter feedbacks, o projeto amadurece mais cedo e informações detalhadas das próximas etapas podem ser obtidas de forma adiantada.

ACEITE FINAL DO CLIENTE DO PROJETO

O aceite final passa uma mensagem importante: tudo o que foi requisitado está sendo entregue. Além disso, é colocado um ponto final no projeto. Atividades que possam ser executadas posteriormente ao aceite — como resoluções de pequenas pendências e serviços de manutenção dentro do período de garantias — podem ser planejadas e acompanhadas separadamente.

ENCERRAMENTO DOS CONTRATOS FIRMADOS COM OS PARCEIROS E FORNECEDORES

Se o projeto precisou contratar serviços externos, é importante, antes do encerramento final do projeto, realizar o encerramento com todos os fornecedores. Esse encerramento formal é necessário para não deixar nenhuma pendência com prestadores de serviços. Além disso, somente após esses contratos encerrados, é possível obter informações finais de desempenho dos fornecedores, bem como custos incorridos com eles.

FINALIZAÇÃO DOS DOCUMENTOS ABERTOS DURANTE O PROJETO, ARMAZENAMENTO E INDEXAÇÃO

Ao longo da gestão do projeto, muitos artefatos são gerados: planos, registros, relatórios. A correta gestão desses artefatos também faz parte das ações do responsável pelo projeto! Isso reduz a possibilidade de perdas de documentos e desperdício de tempo ao procurar por eles. A gestão desses artefatos ocorre ao longo da vida do projeto inteiro, mas, ao final do projeto, as versões finais devem ser armazenadas e a permissão de acesso, a pessoas autorizadas, deve ser garantida.

COMUNICAÇÃO DO ENCERRAMENTO PARA PARTES INTERESSADAS

Da mesma forma que a abertura do projeto deve ser comunicada a todos os interessados, o encerramento também deve! Lembra-se dos stakeholders? É o momento de prestar contas finais a eles. Certamente, o gerenciamento das expectativas dessas pessoas deve ter ocorrido ao longo do ciclo de vida do projeto, mas o efeito da comunicação sobre o encerramento, os resultados finais e objetivos atingidos é muito grande!

ANÁLISE, REGISTRO FINAL E COMUNICAÇÃO DAS LIÇÕES APRENDIDAS NO PROJETO

Lições aprendidas são os aprendizados que temos ao longo do projeto. Informações que valem a pena deixar registradas. Podem estar relacionadas a coisas que não devemos repetir no futuro: uma estimativa malfeita, um fornecedor com má conduta, fatores que geraram retrabalhos etc. Lições aprendidas também dizem respeito a algo bom que aconteceu, que merece ser replicado em outros projetos. A questão mais importante aqui é: não deixe para registrá-las somente ao final do projeto, pois você certamente as esquecerá. Faça registros regulares e incentive outras pessoas a o fazerem. Momentos de monitoramento do projeto são ótimas ocasiões para discutir e registrar lições aprendidas. Ao final do projeto, as lições aprendidas devem ser analisadas. Muitas vezes, existem informações duplicadas que precisam ser adequadas. Após a validação de todos os registros, uma reunião ou workshop de divulgação é uma boa pedida. De que adianta registrar conhecimentos valiosos, se uma boa comunicação desses conhecimentos não é feita? Não se iluda. Apenas enviar por e-mail, não fará as pessoas lerem e aprenderem. A comunicação pessoal desse conhecimento tem um impacto diferente do que apenas enviar a lista de lições aprendidas para os outros lerem.

CONSOLIDAR AS INFORMAÇÕES DE DESEMPENHO DO PROJETO

É natural chegar ao final do projeto e escutar a pergunta: e aí, como foi o projeto? O projeto deve atingir não apenas os objetivos relacionados aos benefícios gerados, mas também objetivos de prazo, custos, qualidade e escopo. Dessa forma, um relatório final de desempenho deve ser gerado. Não precisa contar a história toda em detalhes, mas deve mostrar o que foi realizado, o que estava planejado e o que foi alterado.

LIBERE OS RECURSOS E COMEMORE

No Brasil, devemos tomar cuidado ao sugerir qualquer comemoração às pessoas, pois elas costumam levar muito ao pé da letra. Antes de mais nada, avise a todos que participaram da equipe que o trabalho foi cumprido, agradeça e libere essas pessoas do projeto. Como muitos podem trabalhar no projeto apenas em períodos curtos, faça isso ao longo do ciclo de vida, na medida da necessidade. Ao final do projeto, depois de entregar, obter aceites, encerrar contratos e documentos e divulgar informações, vale a pena registrar uma comemoração. Pode ser apenas um brinde com refresco ao final do expediente, não importa. O que importa é o significado da comemoração. Afinal de contas, um projeto foi entregue!

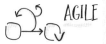
AGILE — *No Scrum, ao final de cada sprint (etapa), a equipe se reúne para levantar dois tipos de informação: WWW (what went well — o que deu certo) e WCBI (what can be improved — o que pode ser melhorado). Ou seja, as lições aprendidas são registradas periodicamente!*

Lembre-se de que bom projeto não se mede somente pelas entregas no escopo, qualidade, prazos, orçamento e valor para o negócio, mas sim pelo efeito coletivo de todas as ações que precederam a entrega final. Após entregar o projeto, o cliente deve ser invadido pela sensação de satisfação e a equipe do projeto deve ser capaz de pensar em tudo o que acabou de fazer, se orgulhar do seu trabalho e sorrir, com uma ponta de tristeza por ter terminado. Um bom projeto é aquele que lamentamos ter terminado!

Capítulo 16 - Conclusões e Recomendações

Tenho visto muitas técnicas e práticas de gerenciamento de projetos sendo criadas e cada vez mais pessoas querendo aprender e fazer gerenciamento de projetos. Sempre, porém, senti uma carência de ensino da gestão de projetos de forma simples. Foi o que tentei fazer neste livro. Não estou aqui para doutriná-lo, mas para oferecer uma forma mais simples de pensar na gestão. A conduta é sua. Só te peço uma coisa: nunca venda sonhos para seu cliente. Venda realidade e entregue realidade, usando informações corretas para atualizar todos os envolvidos. Vender sonhos e entregar realidade só fará o seu cliente pensar que você é incompetente.

Todas as vezes que termino um projeto e faço uma entrega — seja uma campanha, um evento, um software, um treinamento, uma consultoria, um livro —, meu maior desejo é que o resultado seja valioso para meu cliente, que gere benefícios. Espero que pelo menos parte do que escrevi neste livro seja útil para você, porque ele foi feito com muita paixão, foco e reflexão. O mais difícil é tentar escrever, de uma forma simples, uma dinâmica fluida e confusa de explicar. A escolha de recursos visuais para ajudar na explicação foi muito feliz — o Lucas Alves, da Ideia Clara, foi nota dez nas ilustrações.

Gostaria de concluir esse livro com uma mensagem simples, que já foi colocada lá no início e, depois de ter fornecido o meu ponto de vista sobre a dinâmica da gestão de projetos, vale reforçar: o gerenciamento de projetos deve ser visto como algo útil, desejado, importante e que gera valor. Só conseguimos isso, quando temos a noção dos resultados que cada pequena ação de gestão gera.

Muitas vezes, gerenciar projetos é como atirar em um pássaro voando: você mira onde ele estará. Sim, o projeto está acontecendo, as condições de mercado estão mudando, as pessoas terão motivações diferentes, a única certeza que temos é que o plano vai mudar. Não seja tolo de pensar que, já que vai mudar, não precisa planejar nada. Se não planejar, você será um eterno apagador de incêndio. Ter um plano aproximado é melhor que não ter nada. O Waze altera o plano do nosso trajeto o tempo todo, com base nas mudanças do ambiente. É assim mesmo, não adianta dar chilique.

Se você se acostumar a usar as informações corretas a seu favor, a tarefa não será tão difícil. Em gerenciamento de projetos, nada é tão valioso quanto a sua capacidade de usar a informação de maneira lógica, para tomar as melhores decisões, dentro do contexto em que você está.

Ao entregar o projeto que gerenciou com sucesso, não espere que ninguém chegue para você e diga: "Parabéns, o gerenciamento do projeto foi ótimo! Adorei seu plano de riscos!". As pessoas só verão o resultado, os benefícios gerados. Você não fez mais que sua obrigação. Agora, se algo falhar... Você já sabe quem será o culpado!

Escolha gerenciar projetos porque isso te motiva a acordar de manhã e trabalhar, porque você é **realizador**. Não pense no dinheiro. Sugiro que você pense que está em um jogo. Por que um jogo? Tenho estudado um pouco a respeito de Gamification e li que, nos últimos anos, as pessoas têm gastado cerca de três bilhões de horas por semana jogando online, sempre motivadas a fazer alguma coisa que importa para elas, inspiradas a colaborar e cooperar. Quando estão no ambiente do jogo, as pessoas são a melhor versão delas mesmas, mais propícias a resolver um problema, independentemente do tempo que leva, a levantar e sacudir a poeira depois de um fracasso e tentar de novo.

Qual é o retorno que temos com isso? Encarar o projeto como um jogo nos dá a possibilidade de viver o **Epic Win**, um resultado extraordinário, que você não tem noção que seja possível atingir até que consiga. É realmente extraordinário entregar um projeto de valor e, depois de tantos obstáculos, ver o cliente satisfeito com os benefícios gerados.

Nada motiva mais as pessoas que o senso de realização!

Bons estudos e bons projetos!

Referências

Agile Manifesto. http://agilemanifesto.org.

APPELO, Jurgen. *Management 3.0 Workout: Games, tools and practices to engage people, improve work and delight clients*. Rotterdam, The Netherlands: Happy Melly Express, 2014.

BIGÃO, Fabiana; MOURA, Myrian. *Fundamentos da Gestão de Projetos*. E-book. 2015. Disponível em: www.pmstory.com.br/e-book.

GAWANDE, Atul. *Checklist: Como fazer as coisas benfeitas*. Rio de Janeiro: Sextante, 2011.

GUNTHER, Rita. *Não existe mais vantagem competitiva*. Época Negócios. Disponível em: http://epocanegocios.globo.com/Inspiracao/Empresa/noticia/2014/11/nao-existe-mais-vantagem-competitiva-diz-rita-gunther.html. Acesso em: 15/10/2015.

BOL Notícias. *Pequim usa tecnologia para evitar chuva na abertura de Jogos*. http://noticias.bol.uol.com.br/esporte/2008/07/28/ult3841u2892.jhtm

Fox Sports. *Bebê acordou na madrugada? FOX Sports te ajuda a fazê-lo dormir com Jogo pra Ninar*. Disponível em: http://www.foxsports.com.br/videos/408013379900-bebe-acordou-na-madrugada-fox-sports-te-ajuda-a-fazelo-dormir-com-jogo-pra-ninar. Acesso em 01/12/2015.

IIBA. *Um guia para o corpo de conhecimento de análise de negócios* (Guia BABOK) Versão 2.0. Toronto, Canada: International Institute of Business Analysis, 2011, p. 108.

SCHWABER, Ken. *Agile Project Management with Scrum*. Microsoft Press, 2004.

KERZNER, Harold. *Project Management: A Systems Approach to Planning, Scheduling, and Controlling*. 11 edition. Wiley, 2013.

KNIBERG, Henrik; SKARIN, Mattias. *Kanban e Scrum: obtendo o melhor de ambos*. EUA: C4Media, 2009.
LONGO, Walter. Marketing e Comunicação da Era Pós-Digital — As Regras Mudaram. Rio de Janeiro: HSM Editora, 2014.

PMI — PROJECT MANAGEMENT INSTITUTE. *Guide to the Project Management Body of Knowledge (Guide to the PMBoK®)*. Quinta Edição. Newton Square, PA, EUA: 2012.

OLIVEIRA, Ronielton Rezende. *PRINCE2: O Tema Progresso e o Princípio de Gerenciar por Estágios*. eBook Kindle. Scrum Alliance: www.Scrumalliance.org.

Scrum.org: www.Scrum.org.

SILVA, Fabiana Bigão. *PM Story. E-book*. 2014. Disponível em: www.pmstory.com.br/e-book.

FINOCCHIO JÚNIOR, José. *Project Model Canvas*. Rio de Janeiro: Elsevier, 2013.

TURLEY, Frank. *Preparatório para Certificação PRINCE2® Foundation*. Brasport, 2015.

Glossário

ACEITAÇÃO
Consiste em não planejar resposta nenhuma para tratar riscos de projetos. Esse tipo de ação é usado quando a probabilidade de ocorrência é baixa, bem como seu impacto, ou quando não há nada que se possa fazer.

AGILE
Framework de desenvolvimento de projetos, iterativo e incremental.

AMEAÇAS
Riscos com consequências negativas.

ANÁLISE QUALITATIVA DE RISCOS
Consiste em atribuir valores às probabilidades dos riscos ocorrerem, bem como aos impactos do riscos, de forma que a combinação desses dois valores para cada risco possa ser usada para estabelecer a prioridade deste risco. Essa análise serve para classificar os riscos em ordem de importância relativa e balizar o processo de tomada de decisão em relação a eles.

ANÁLISE QUANTITATIVA DE RISCOS
Consiste em analisar numericamente o efeito dos riscos identificados nos resultados do projeto. Para realizar a análise quantitativa, são necessários números reais a respeito da probabilidade e impacto gerado pelos riscos em projetos similares anteriores.

ANALISTA DE NEGÓCIOS
Nome dado a uma função cuja principal responsabilidade é fazer o levantamento e detalhamento de requisitos. Via de regra, o analista de negócios conhece os problemas e necessidades do cliente e tem o background da equipe do projeto para fazer bem a interface entre os dois mundos.

BENEFÍCIOS
São os ganhos que seu projeto vai trazer após atingir seu objetivo. Normalmente associados a aumento de coisas boas ou redução de coisas ruins.

BURNDOWN
Gráfico que mostra, a grosso modo, itens a fazer no Scrum.

CALENDÁRIO DE UM RECURSO
Determina os dias úteis e horários de trabalho que um recurso (pessoa) pode trabalhar no projeto.

CALENDÁRIO DO PROJETO
Determina os dias úteis e horários de trabalho, dias não úteis, feriados e recessos do projeto.

CHECK-LIST
Uma série de perguntas preestabelecidas sobre itens que devem ser verificados. Hoje em dia, é usado amplamente por médicos em hospitais, pilotos de aviões, engenheiros ou por qualquer pessoa que precise administrar uma quantidade gigantesca de pequenas informações e ações, em grande parte, ações simples. Muitas vezes, os check-lists são formados de itens óbvios, mas a quantidade de itens é tão grande, que não podemos apenas confiar na memória.

CONTRATAÇÕES DE SERVIÇOS TIPO PREÇO FECHADO

O escopo do trabalho a ser realizado é informado previamente ao fornecedor, e ele cobra um preço fixo por isso.

CRONOGRAMA

Ferramenta de gestão que mostra, de forma gráfica, o conjunto de atividades, durações, relações de precedência e pessoas alocadas, de acordo com o calendário do projeto.

CUSTO

Quanto o projeto vai custar a quem o está desenvolvendo. É diferente de preço cobrado do cliente. Normalmente, o preço contempla o custo mais o percentual de lucro.

DAILY MEETING

Reuniões diárias do Scrum para responder a 3 perguntas: "O que foi feito ontem?", "O que será feito hoje?" e "Existe algum impedimento?".

DECOMPOSIÇÃO

No contexto de projetos, é o processo de dividir as entregas da EAP em partes menores.

DISPONIBILIDADE DO RECURSO

Refere-se à quantidade de tempo que o recurso está livre para executar as atividades do projeto.

DURAÇÃO

Tempo decorrido para desenvolver uma atividade do projeto ou para desenvolver o projeto. É diferente de esforço. Uma atividade pode ter o prazo de uma semana com esforço de 40 horas ou 20 horas, dependendo da disponibilidade de recursos para executá-la.

EFEMERIDADE

Relativo ao que é efêmero, que dura pouco.

ENTREGAS

As entregas dizem respeito àquilo que a equipe vai produzir para ter o produto. O conjunto de entregas é o escopo do projeto. Pense no produto como um grande quebra-cabeças. Cada peça do quebra-cabeças é uma entrega.

EQUIPE

Conjunto de pessoas, ou papéis, que irão trabalhar para desenvolver o produto, serviço ou resultado do projeto. O mesmo que time do Scrum.

ESCOPO

Conjunto de entregas do projeto.

ESFORÇO

É o trabalho em horas demandado para desenvolver uma atividade ou o projeto.

ESTIMATIVA
Cálculo aproximado, normalmente associado a duração, esforço e custos de atividades ou projetos.

ESTRUTURA ANALÍTICA DO PROJETO (EAP)
É uma ferramenta que organiza as entregas do projeto em uma estrutura hierárquica parecida com um organograma, mostrando todas as entregas do projeto decompostas em entregas menores.

EVITAR
Resposta para prevenir riscos que elimina a ameaça eliminando a causa, ou seja, fazendo com que a probabilidade do risco seja zero. Em geral, esse tipo de resposta impacta outros fatores no plano do projeto.

FASES
Etapas do ciclo de vida de um projeto, "pedaços de tempo".

GATILHOS
Situações que acionam as respostas de contingência para riscos. Devem ser definidos e acompanhados.

GERENTE DO PROJETO (GP)
Pessoa responsável por responder pelas principais questões do projeto.

IMPEDIMENTOS
Nome dado a problemas e questões no Scrum, que devem ser resolvidos pelo Scrum Master.

INCREMENTAL
Que desenvolve incrementos, pequenos acréscimos do resultado do projeto.

INFORMAÇÃO HISTÓRICA
Informação obtida de experiências passadas, que normalmente auxiliam a estimar situações futuras.

INFORMAÇÕES DE DESEMPENHO DO PROJETO
Indicam o que foi realizado, o que estava planejado e o que foi alterado.

INSUMOS
Tudo aquilo que as atividades do projeto precisarão para serem executadas.

INTERATIVO
Diz respeito a comunicar nos dois sentidos, interagir.

ITERATIVA
Que é desenvolvida por repetições, várias etapas.

JUSTIFICATIVA
Consiste dos problemas, oportunidades ou demandas não atendidas pelo projeto.

KANBAN

Quadro visual, muito usado em métodos ágeis de gestão de projetos, onde post-its são comumente usados para atualizar as atividades em andamento.

KICK-OFF DO PROJETO

Trata-se do pontapé inicial, após o planejamento e antes da execução.

LEAN

Filosofia de gestão focada em melhoria de processos para reduzir o trabalho em progresso e desperdícios.

LIBERAÇÃO DOS RECURSOS DO PROJETO

Consiste em avisar a todos que participaram da equipe que o trabalho foi cumprido, agradecer e liberar essas pessoas das atividades do projeto. Como muitos podem trabalhar no projeto apenas em períodos curtos, isso deve ser feito ao longo do ciclo de vida, na medida da necessidade.

LIÇÕES APRENDIDAS

São os aprendizados que temos ao longo do projeto. Informações que valem a pena deixar registradas. Podem estar relacionadas a coisas que não devemos repetir no futuro ou a algo bom que aconteceu, que merece ser replicado em outros projetos.

MITIGAR

Resposta para prevenir riscos que consiste em ação para reduzir o impacto ou a causa da ameaça, sem eliminá-la. Às vezes, ações para evitar uma ameaça podem ser muito caras, por isso opta-se pela mitigação.

MONITORAMENTO DO PROJETO

Consiste em acompanhar as condições em que as atividades estão sendo executadas, registrar as informações reais de execução, comparar com o planejado, identificar desvios e agir para corrigir ou prevenir problemas.

MONITORAMENTO JUNTO À EQUIPE

Serve para tratar de questões miúdas, corriqueiras, do dia a dia do projeto. Normalmente, é feito com uma frequência maior, mas não existe regra que determine qual a frequência ideal.

MONITORAMENTO JUNTO AO CLIENTE

Trata do que mais importa a ele — as entregas parciais. Para isso, em tempo de planejamento, o projeto deve ser dividido em marcos de entregas acordados com o cliente. Em cada marco, informações sobre o que foi acordado e as entregas efetivamente realizadas devem ser fornecidas.

MONITORAMENTO JUNTO AO PATROCINADOR DO PROJETO

Tem o viés de realização ou desempenho. Ou seja, o sponsor quer saber como o dinheiro dele foi gasto, o que foi feito, se está no prazo. Geralmente o sponsor não tem tempo para informações detalhadas, então as informações fornecidas a ele geralmente estão na forma de gráficos, faróis ou infográficos.

MOSCOW

Análise para priorização recomendada para uso na metodologia Prince2®, e divide requisitos em quatro categorias: Deve (Must), Deveria (Should), Poderia (Could) e Não irá (Won't).

MUTUALIDADE

No contexto desse livro, máquinas conversando com máquinas e assumindo decisões humanas.

OBJETIVO SMART

Objetivo é aquilo que se deseja atingir. O objetivo SMART contém descritores que tornam seu conteúdo bem específico, deve ser atingível pela empresa, ter algum número que possa ser medido ao final do projeto. Também costumamos colocar uma expectativa de tempo máximo para ser concluído.

OPORTUNIDADES

Riscos com consequências positivas.

PACOTE DE TRABALHO

No PMBOK, é a entrega de nível mais baixo na EAP, aquela que não pode ser mais decomposta.

PARTES INTERESSADAS

O mesmo que stakeholders.

PITCH

Nome curto que denomina seu projeto, mostra a essência dele.

PLANO INTEGRADO DO PROJETO

Conjunto de documentos e informações sobre como o projeto será executado. Todas as informações do plano do projeto devem estar consistentes entre si.

PMBOK®

Project Management Body of Knowledge. Corpo de conhecimento em Gerenciamento de Projetos — guia de melhores práticas emitido pelo Project Management Institute (PMI).

PMC OU PM CANVAS

O mesmo que Project Model Canvas.

PMO

Escritório de projetos. Local responsável por prover serviços de gerenciamento de projetos na organização.

PO

O mesmo que Product Owner.

PRAZO
O mesmo que duração.

PREMISSAS
São todas as coisas que assumimos como verdadeiras no projeto, mas não temos como garantir. É tudo aquilo que achamos que vai acontecer. São suposições. Nós contamos com as premissas para planejar o projeto.

PRINCE2®
Método de gerenciamento de projetos genérico que isola os aspectos gerenciais das contribuições especializadas.

PRIORIZAÇÃO
Processo de ordenar itens, sendo que os mais importantes são ordenados primeiro.

PROBLEMAS
São questões que devemos resolver para que o projeto continue fluindo até o término. São coisas que já aconteceram. Problemas podem ser vistos como riscos (do tipo ameaça) que já foram concretizados.

PRODUCT OWNER (PO)
Especialista do negócio que representa todos os stakeholders, responsável por comunicar a visão do produto, por levantar, especificar, detalhar e priorizar os requisitos do projeto, assegurando que os requisitos mais importantes sejam produzidos primeiro.

PRODUTIVIDADE DO RECURSO
Refere-se à capacidade de produção de um recurso. Uma pessoa capaz de produzir dois requisitos, de mesma complexidade, a mais que outra pessoa é mais produtivo.

PRODUTO
Consiste no resultado do projeto. O que o demandante, o usuário, o cliente deseja ter depois que o projeto for concluído.

PROJECT MODEL CANVAS
Ferramenta que contém as informações essenciais para compreender a lógica de um projeto. O PM Canvas é uma grande tela em que as informações do projeto são inseridas, em uma única página.

RASTREABILIDADE ENTRE REQUISITOS
Forma de representar o relacionamento entre requisitos em termos de impactos. Um requisito pode impactar vários requisitos e ser impactado por outros. O registro da rastreabilidade é importante para determinar os impactos nas mudanças de requisitos.

RECURSOS DO PROJETO

Pessoas, máquinas, materiais e insumos que são usados para produzir as entregas do projeto. É impossível determinar os prazos e custos de um projeto sem ter uma previsão dos recursos necessários e disponíveis, bem como as quantidades necessárias.

RELAÇÃO DE PRECEDÊNCIA

Diz respeito a ordem em que atividades podem ser desenvolvidas.

RELAÇÃO DE PRECEDÊNCIA TIPO INÍCIO-INÍCIO

O início da sucessora está ligado ao início da predecessora.

RELAÇÃO DE PRECEDÊNCIA TIPO TÉRMINO-INÍCIO

O início da atividade sucessora está ligado ao término da atividade predecessora.

RELAÇÃO DE PRECEDÊNCIA TIPO TÉRMINO-TÉRMINO

O término da atividade sucessora está ligado ao término da atividade predecessora.

REQUISITOS

São as características que o cliente, usuário, stakeholders impactados ou demandante do projeto desejam ou necessitam em relação ao produto do projeto. Podem ser características relacionadas à qualidade, tamanho, forma, funcionalidade, desempenho, confiabilidade, etc.

RESPOSTAS AOS RISCOS

Consistem em ações planejadas para aumentar as oportunidades e reduzir as ameaças ao projeto. Ou seja, para cada risco, deve ser feita a pergunta: "qual a melhor estratégia para lidar com esse risco?".

RESPOSTAS DE CONTINGÊNCIA PARA RISCOS

São aquelas que planejamos no presente, mas usadas somente se certos eventos ocorrerem. Ou seja, só vamos gastar esforço executando as ações caso os riscos ocorram, mas é importante planejar no presente para que reservas financeiras possam ser planejadas.

RESTRIÇÕES

São imposições que o projeto deve atender, são limitações. Normalmente, associadas a prazo, custo, equipe, forma de trabalho.

RETROSPECTIVA DA SPRINT

Reunião que ocorre ao final de uma sprint, quando o time registra as lições aprendidas do processo de desenvolvimento do projeto, e adaptações que podem ser feitas.

RISCOS
Incertezas do projeto, eventos que podem ou não acontecer. Caso aconteçam, podem gerar impactos positivos ou negativos. Muitos riscos vêm de fatores internos do projeto. Por outro lado, uma boa parte dos riscos é originada nas premissas.

RISCOS CONHECIDOS
São aquelas incertezas que conhecemos, temos alguma informação sobre ela, e podemos agir proativamente para gerenciá-las.

RISCOS DESCONHECIDOS
São aqueles que não conseguimos prever que podem acontecer.

SCRUM
Framework ágil mais conhecido. Nele, o processo de desenvolvimento do projeto é mais rigoroso, alguns eventos são obrigatórios. Esse método se aplica bem em determinados tipos de projeto, como desenvolvimento de aplicativos de software, projetos de inovação, comunicação e publicidade, eventos, dentre outros.

SCRUM MASTER
Responsável por liderar o time, fazendo papel de coach, removendo impedimentos, evitando interrupções externas, garantindo que os eventos e reuniões necessárias para desenvolver o projeto estejam sendo realizados.

SINCRONICIDADE
Relacionamento por meio de significado.

SPRINT PLANNING
Reunião de planejamento de uma sprint.

SPRINT REVIEW
Reunião que ocorre ao final de uma sprint, em que um incremento do produto é apresentado ao PO, que fornece feedback se a meta do sprint for atingida.

SPRINTS
No Scrum, consistem de fases ou etapas de duração fixa (time-boxed). Normalmente, os sprints devem ter a mesma duração, geralmente 2 a 4 semanas.

STAKEHOLDERS
Pessoas que podem influenciar ou serem influenciadas pelo projeto, tem a ganhar ou perder com sua implantação. Stakeholders externos são aquelas pessoas que não realizam nenhuma entrega do projeto, ou seja, não fazem parte da equipe. Mas detêm requisitos e restrições. E, principalmente, muitas premissas do projeto estão associadas a eles.

STORY POINTS
Uma das formas de estimar tamanho de requisitos no Scrum.

TAMANHO DOS REQUISITOS OU ENTREGAS DO PROJETO
Associado à complexidade do requisito.

TEMPLATE DE DOCUMENTO
Modelo de documento, geralmente com formato padrão e seções previamente definidas.

TIME
Conjunto de pessoas com as especializações necessárias para implementar os resultados do projeto, gerenciando seu próprio trabalho e participando de todos os eventos e reuniões obrigatórias do Scrum.

TIME-BOXED
Etapas de duração fixa de uma sprint.

TRANSFERIR
Resposta a riscos que transfere a responsabilidade pelo risco para outra parte, mas não elimina o risco. A probabilidade e o impacto do risco continuam existindo, porém ele é atribuído a outro responsável.

CONHEÇA OUTROS LIVROS DE NEGÓCIOS!

Negócios - Nacionais - Comunicação - Guias de Viagem - Interesse Geral - Informática - Idiomas

Todas as imagens são meramente ilustrativas.

SEJA AUTOR DA ALTA BOOKS!

Envie a sua proposta para: autoria@altabooks.com.br

Visite também nosso site e nossas redes sociais para conhecer lançamentos e futuras publicações!

www.altabooks.com.br • /altabooks • /altabooks • /alta_books

ALTA BOOKS
EDITORA